DIE REIHE
Sport-Archiv

1. SC GÖTTINGEN 05

Gründungsurkunde und Ursatzung des Göttinger FC von 1898, dem Vorläufer-Verein von Göttingen 05.

DIE REIHE
Sport-Archiv

1. SC GÖTTINGEN 05

Matthias Voigt, Lorenz Knieriem, Hardy Grüne

SUTTON
VERLAG

Sutton Verlag GmbH
Hochheimer Straße 59
99094 Erfurt
www.suttonverlag.de

Copyright © Sutton Verlag, 2003

ISBN 978-3-89702-580-6

Druck: Books on Demand GmbH, Norderstedt, Deutschland

Göttingen 05   Von links: Matz, Dube, Pape, Weiner, Krauss, Hinberg, Englert, Klepatz, Woldmann, Degenhardt, Evers.

Mit dieser Postkarte warb der „kicker" 1968 für eine seiner nächsten Ausgaben, in der Bundesliga-Aufstiegsaspirant Göttingen 05 in brillanten Farben dargestellt werden sollte.

Inhaltsverzeichnis

Danksagung   6

Vorwort   7

1. Die Zeit von 1905 bis 1945:
   Zwischen Bezirksklasse und Gauliga   9

2. Die Zeit von 1945 bis 1958:
   Große Spiele in der Oberliga Nord   23

3. Die Zeit von 1958 bis 1974:
   Angriff auf die Bundesliga   39

4. Die Zeit von 1974 bis 1981:
   Vier Jahre in der Zweiten Bundesliga   71

5. Die Zeit von 1981 bis 1994:
   Der lange Weg durch die Amateur-Oberliga Nord   97

6. Die Zeit von 1994 bis 2003:
   Im „Fahrstuhl" zwischen dritter und fünfter Liga   113

Danksagung

Der vorliegende Band wäre ohne das Mitwirken zahlreicher Personen nicht möglich gewesen. Besonderer Dank gebührt dabei dem Göttinger Fotojournalisten Claus-Peter Holzigel, der Mitautor Hardy Grüne vor einigen Jahren sein komplettes Fotoarchiv überließ, das ursprünglich entsorgt werden sollte. Der Verlust dieser Aufnahmen hätte ein Buch wie dieses beinahe unmöglich gemacht, da nur wenige Fotos über die Jahre im vereinseigenen Archiv aufbewahrt wurden. Auch dem Verein 1. SC von 1905 Göttingen ist zu danken. Nicht nur weil er uns neben dem allgegenwärtigen Chaos der letzten Jahre auch reichlich mit spannenden Fußballspielen beschenkt hat, sondern auch dafür, dass beim letzten Großreinemachen im Klubhaus am Maschpark diverse – beinahe ebenfalls dem Müllcontainer einverleibte – Materialien erhalten blieben.

Darüber hinaus gebührt folgenden Personen besonderer Dank für die Überlassung von Fotografien, Vereinszeitungen, Dokumenten, Zeitungsarchiven und für Hilfestellung sonstiger Art: Oliver Rosenthal (bzw. Herrn Sauermann), Ingrid Djakou, Wolfgang Siegel, Heinz Sölter, Martin Zeh, Ralf Binkowski und allen, die nicht genannt wurden, sich aber nichtsdestotrotz angesprochen fühlen dürfen. Nicht zuletzt soll all jenen gedankt werden, die sich bei Göttingen 05 in den beinahe 100 Jahren der Vereinsgeschichte erfolgreich oder weniger erfolgreich engagiert haben – sei es als Fußballer, als Ehrenamtliche/r (und hier möchte einer der Autoren, der selbst aktiv in der Leichtathletikabteilung bei 05 war, besonders den kürzlich verstorbenen Joachim Finke hervorheben), als Betreuer/in, als Fan oder als Aktive/r in einer der Sparten des Vereins. Ohne euch hätte es diesen zwar kränkelnden, aber immer noch existierenden Klub schon lange nicht mehr gegeben!

Wolfgang Gassmann (heute Zeugwart von 05, links), Hardy Grüne (heute Autor von Fußballbüchern, Mitte) und Ralf Binkowski (Erschaffer eines der größten 05-Archive) auf Auswärtsfahrt zum Zweitligaspiel in Aachen im Mai 1981 – von Helmut Anschütz (nach wie vor als Sportjournalist tätig) ins beste Licht gerückt.

Vorwort

Es ist kein Geheimnis, dass der 1. SC von 1905 Göttingen e.V. (im Allgemeinen besser unter der Bezeichnung „05" bekannt) ausgerechnet kurz vor dem 100-jährigen Vereinsjubiläum in der wahrscheinlich tiefsten Krise seiner Geschichte steckt. Seit mittlerweile mehr als zwei Jahren zieht sich ein Insolvenzverfahren hin, über das inzwischen geunkt wird, dass es nie zu einem wie auch immer gearteten Abschluss kommen wird. Im Zuge der finanziellen Misere ist mit der ersten Fußballmannschaft auch und besonders das jahrzehntelang unumstrittene Aushängeschild des Klubs vom beinahe stetigen Niedergang betroffen. Und wenn der Verein in der jüngeren Vergangenheit doch einmal für positive Schlagzeilen sorgte (wie z.B. Anfang Juni 2001 nach dem bereits heute Legendenstatus innehabenden Triumph gegen Holstein Kiel), so lauerte gewiss hinter der nächsten Ecke bereits die nächste Hiobsbotschaft. Kurz gesagt: Es ist zurzeit alles andere als leicht, sein Herz an Göttingen 05 verschenkt zu haben.

Angesichts dieser Umstände könnte man sich fragen, weshalb ausgerechnet zum jetzigen Zeitpunkt ein Buch über einen solchen Verein veröffentlicht wird, der seinen Mitgliedern und Anhängern gegenwärtig nur Ärger und Kummer bereitet und dessen Zukunft nach wie vor vollkommen ungewiss ist. Nun, die Antwort auf diese Frage liegt natürlich in der Vergangenheit des Klubs begründet: Bei Göttingen 05 handelte es sich über Jahrzehnte hinweg um die einzige ernsthafte Alternative für Sportinteressierte, die im Bereich zwischen Hannover und Kassel (manche sagen gar: bis hinunter nach Frankfurt) höherklassigen Fußball sehen wollten. Und noch heute passiert es immer wieder einmal, dass Menschen aus den entferntesten Gegenden Deutschlands bei der Nennung des Namens „Göttingen" als Erstes „Ach ja, 05!" einfällt. Gleichwohl lässt es sich jedoch auch nicht leugnen, dass es zum ganz großen Wurf nie gereicht hat. Streng genommen ist die Geschichte von Göttingen 05 daher auch eine des Scheiterns, allerdings des Scheiterns mit Bravur.

Um dafür Sorge zu tragen, dass bei aller derzeitigen Tristesse all jene unterschiedlichen Facetten der Vereinsvergangenheit, die zur bundesweiten Bekanntheit von Göttingen 05 geführt haben, nicht aus den Augen verloren werden, ist dieser Bildband entstanden, in dem noch einmal alle Epochen der Vereinsgeschichte in Erinnerung gerufen werden sollen.

Den sechs Kapiteln ist jeweils ein kurzer Einleitungstext vorangestellt, in dem die jeweiligen Zeitabschnitte der 05-Historie zusammengefasst werden: Die Anfänge des Vereins und seine Geschichte bis zum Zweiten Weltkrieg; die großen Zeiten in der Oberliga Nord; die letztlich zwar gescheiterten, aber dennoch furiosen Anläufe zum Sprung in die Bundesliga; die Spielzeiten in der 2. Liga; die langen Jahre der Drittklassigkeit; und schließlich die Triumphe und Abstürze seit Mitte der 1990er-Jahre. Auch innerhalb der einzelnen Abschnitte wurde weitestgehend eine chronologische Vorgehensweise gewählt, um die im Rahmen eines solchen Bildbandes zwangsläufig nicht immer bis ins kleinste Detail zu erörternden Zusammenhänge deutlich zu machen.

Anzumerken bleibt, dass es sich angesichts der Fülle des Bildmaterials nicht vermeiden ließ, dass viele Ereignisse bzw. Akteure gar nicht oder nicht in ausreichendem Maße gewürdigt werden können. Entschuldigung dafür – aber ein solch umfassendes Werk würde rasch biblische Ausmaße annehmen. Im Übrigen ist dem Slogan, den die Fans in der abgelaufenen Saison 2002/03 ersonnen haben, nichts hinzuzufügen: „Unbezahlbar 05 – Wir bleiben treu!"

Göttingen, im Juli 2003
Matthias Voigt, Lorenz Knieriem, Hardy Grüne

Bildnachweis

Die in diesem Band verwendeten Bilder und Dokumente stammen überwiegend aus dem Archiv von Hardy Grüne. Hinzu kommen Motive aus dem Vereinsarchiv von Göttingen 05 und aus zahlreichen privaten Sammlungen und Zeitungsarchiven, die den Autoren zur Verfügung gestellt wurden bzw. sich bereits in ihrem Besitz befanden. Soweit wir die Urheberschaft der verwendeten Bilder überprüfen konnten, sehen wir keine Rechte Dritter verletzt. Sollte sich dennoch jemand in seinen Urheberrechten verletzt fühlen, hoffen wir auf Nachsicht, dass kein gesonderter Nachweis erfolgen konnte. Um dies bei einer möglichen weiteren Auflage nachholen zu können, bitten wir um eine entsprechende Benachrichtigung über den Verlag.

Im Juli 1898 fand die Gründung des Göttinger FC von 1898 statt. Im Bild die Mannschaft, die nur einen Sommer spielte. Hinten, von links: Altenburg, Margraf, Künkler, Busse, Germar, Bergmann, Block und Rohe. Vorne Fischer und Klingeberg. Es fehlt der elfte Mann, Klauke, da in Ermangelung von Ersatzspielern schließlich jemand die Aufnahme machen musste.

1

Die Zeit von 1905 bis 1945:
Zwischen Bezirksklasse und Gauliga

Fünf Jahre nach Gründung des Deutschen Fußballbundes bekam auch die Universitätsstadt Göttingen endlich ihren ersten Fußballklub. Zwar war der Göttinger FC 1905 – so der Gründungsname des am 30. Juni 1905 in der Gaststätte „Zum Anker" (Rosdorfer Weg) von dem Mündener August Fahrenholz ins Leben gerufenen Vereins – streng genommen gar nicht der erste seiner Art, denn sieben Jahre zuvor hatten einige Schüler bereits den Göttinger Fußball-Club von 1898 gegründet. Da dieser aber nach nur drei Jahren sanft wieder eingeschlafen war, kam den Kickern des GFC 05 doch die Pionierehre zu.

Fußball zu spielen war in den Anfangsjahren keine einfache Angelegenheit für die aus bürgerlichem Elternhaus stammenden 05er. Mama schimpfte über dreckige Kleidung und ramponierte Schuhe, Papa sorgte sich um den guten Ruf der Familie. Daher gehörte schon eine Menge Ehrgeiz und auch ein Hauch revolutionären Geistes dazu, um „am Ball" zu bleiben.

Die ersten Jahrzehnte verliefen ruhig. 1907 bekamen die Schwarz-Gelben mit dem Vorläufer der heutigen SVG lokale Konkurrenz. Ansonsten konzentrierte sich der Spielverkehr auf den Raum Kassel sowie Northeim und Einbeck, wo 1907 bzw. 1905 ebenfalls Vereine gegründet worden waren. 1907/08 nahm der GFC 05 erstmals am Ligaspielbetrieb teil und belegte in der 1. Klasse des A-Bezirkes von Hessen-Hannover Rang 4. Die periphere Lage, die Göttingen vor allem in Bezug auf Kassel einnahm, wirkte sich schon in der Folgesaison negativ aus, als die Schwarz-Gelben dreimal nicht zu ihren Spielen antreten konnten und daher ausgeschlossen wurden. Erst ab 1910/11 stabilisierte sich der Verein und auch die gesamte Fußballszene in Göttingen. Trotz mehrfacher Meisterschaften in der B-Klasse blieb den 05ern jedoch die Rückkehr in die höchste Spielklasse verwehrt, sodass sie zu Beginn des Ersten Weltkrieges noch immer zweitklassig waren.

Im kulturellen Leben Göttingens spielten Fußball bzw. der GFC 05 seinerzeit praktisch keine Rolle. Es waren vor allem Jugendliche, die dem Spiel mit dem runden Leder frönten, und auch einige Abiturienten, ein paar Studenten sowie der eine oder andere Facharbeiter wurden von der Kickerei angelockt. Ihre Heimpartien trugen die 05er am Maschpark aus, wo 1907 ein eigener Sportplatz geschaffen worden war. Die Zeitungen berichteten nur sporadisch über Fußballspiele. Zumeist wurde verlangt, dass der Artikel selbst geschrieben wurde und zudem für den Abdruck ein kleines Honorar floss. Auch Bilder aus dieser Zeit sind rar. Überliefert ist glücklicherweise sowohl die erste Satzung des Göttinger FC von 1898 als auch ein Teamfoto jenes Vereins. Vom GFC 05 hat mit Ausnahme von ein paar Zeitungsartikeln sowie einer „Bier-Zeitung" nichts aus den Anfangsjahren überlebt.

Nach dem Ersten Weltkrieg erlebte der Fußball in ganz Deutschland einen enormen Boom. Auch in Göttingen wuchs nun das Interesse am Spiel mit dem runden Leder. Die Mitgliederzahl des GFC 05 stieg an, und weil längst nicht mehr nur Fußball gespielt wurde, kam es am 4. Mai 1920 zur Umbenennung in „Verein für Rasenspiele von 1905". Auf Drängen der

Schwimmabteilung folgte am 27. Mai 1921 ein neuerlicher Namenswechsel und der „1. Sport-Club von 1905 e.V." entstand.

Sportlich waren die 1920er-Jahre bestimmt vom packenden Lokalkampf zwischen 05 und der 1919 durch eine Fusion entstanden SVG. Im entscheidenden Moment hatten die Schwarz-Gelben, die inzwischen tief im Bürgertum verankert waren und sich finanzieller wie ideeller Unterstützung durch zahlreiche Kleinbetriebe erfreuten, allerdings stets die Nase vorn. Das war nicht zuletzt einer auffälligen Nähe zum Militär zu verdanken. Unter Führung von Hauptfeldwebel Karl Reichstein entstanden zarte Bande zur seit 1922 in Göttingen stationierten 7. Kompanie des Infanterieregiments II./17, wodurch zahlreiche begabte Fußballer in den Maschpark kamen.

Dieser wurde 1926 stark erweitert, als das bisherige Spielfeld zum „B-Platz" wurde, während in unmittelbarer Nachbarschaft ein neuer Platz entstand, dessen Zuschauertraversen rund 5.000 Menschen aufnehmen konnten. In jenen Tagen verbuchte 05 bei seinen Heimspielen in der höchsten Spielklasse von Hessen/Hannover allerdings selten mehr als eintausend Neugierige – hinzu kam eine Hand voll Fans, welche die Begegnungen vom benachbarten Bahndamm aus „für umsonst" verfolgten.

Trotz der Reichswehr-Kontakte und namhafter Akteure wie Horst Hinke oder Karl Musiatowski (die beide aus Kassel gekommen waren) kam der 1. SC 05 nicht an den großen Kasseler Klubs vorbei. Der SV Kurhessen (heute KSV Hessen), der CSC 03 und der BC Sport waren sowohl sportlich als auch wirtschaftlich gesehen ein anderes Kaliber als 05. Mäzene beispielsweise, in Kassel längst gang und gäbe, waren in Göttingen rar gesät.

Den größten Erfolg verbuchten die Schwarz-Gelben 1932, als sie das Endspiel um die Meisterschaft von Hessen-Hannover erreichten. Zum entscheidenden Spiel beim BC Sport Kassel war erstmals ein „Fanbus" angereist – ein ausrangierter Stadtbus hatte die Anhängerschaft an die Kasseler Hafenbrücke kutschiert, wo 05 mit 2:1 gewann. Im Endspiel waren die 05er gegen Borussia Fulda aber chancenlos. Eine 0:3-Heimniederlage ließ bereits im Hinspiel die Hoffnungen auf das Erreichen der Endrunde um die westdeutsche Meisterschaft auf den Nullpunkt sinken.

Als 1933 die Nationalsozialisten an die Macht kamen, krempelten sie auch im Fußball alles um. Südniedersachsen, das bis dato zu Westdeutschland gehört hatte, wurde nun Norddeutschland zugeordnet. Göttingen 05 war der einzige Klub in der Region, der zu den Gründungsmitgliedern der im selben Jahr aus der Taufe gehobenen Gauliga Niedersachsen zählte und damit einer von 160 „Erstligisten" im Deutschen Reich war. Doch Gegner wie Werder Bremen, Hannover 96 und Eintracht Braunschweig waren eine Nummer zu groß für die Elf um den beliebten Außenstürmer Albert „Knoten" Müller. Zwar strömte das Publikum wie nie zuvor (gegen Arminia Hannover wurde im Herbst 1933 mit 2.500 Zahlenden eine neue Rekordkulisse gemeldet), sportlich reichte es jedoch nicht zum Klassenerhalt und erstmals seit 1914 musste 05 in die Zweitklassigkeit absteigen.

Die Jahre bis zum Ende des Zweiten Weltkrieges waren geprägt vom ständigen sportlichen Auf und Ab. Die zweithöchste Spielklasse mit Gegnern wie SV Petershütte, FC Brochthausen oder SC Northeim war für die 05er zu schwach, in der Gauliga hingegen bekamen die Schwarz-Gelben kein Bein auf die Erde. Zeitgleich avancierte die SVG 07 zu einem ernsthaften Konkurrenten. Der Arbeiterklub vom Sandweg wurde 1942 nach seinem Aufstieg in die Gauliga sogar kurzzeitig Göttingens Nummer Eins. 05 musste schließlich im Verlauf des Jahres 1944 den Spielbetrieb einstellen, weil kaum noch Spieler vorhanden waren und der Maschpark in einen Gemüsegarten verwandelt worden war.

Am 30. Juni 1905 kam es zur Wiedergründung des GFC 1898 als Göttinger FC von 1905, dessen erster Vorsitzender Albrecht Helmbrechts wurde. Das Bild aus dem Vereins-Archiv zeigt die Mannschaft der Gründerzeit. Der fünfte Spieler von links ist der stets mit einem Schal gekleidete „Robbel" Gerls, der neben seiner Tätigkeit als Spielausschussmitglied noch zahlreiche andere Ehrenämter im Verein wahrnahm. Er gilt als einer der wichtigsten Funktionsträger in der Geschichte von 05.

Das Titelblatt der Festzeitung zum zweiten Stiftungsfest des Göttinger Fußball-Clubs von 1905 (die glücklicherweise vor wenigen Jahren davor bewahrt werden konnte, auf dem Müll zu landen). Den Glanzpunkt setzte darin das „Clublied" (Text auf der folgenden Seite). Auf der Rückseite wurden in Karikaturen die Spieler Körber, Düker, Denecke, Ahrens, Kreft, Nehrkorn und Heyden verulkt.

11

Leider ist der Verfasser des Clubliedes nicht bekannt. Auch über Anlässe, zu denen das Lied gesungen wurde, weiß man heute nichts mehr. Zwar ist auch das gegenwärtige Clublied „Schwarz und Gelb" keine dichterische Offenbarung, allerdings dafür dessen Text weniger militaristisch gefärbt.

Das „Clublied" von 1907

„Auf, Spieler, lustig, frohen Mut's
zum Wettspiel geht's geschwind.
Das ist ja uns're schönste Zier,
dass wir Göttinger sind,
die nur den Fußballsport verehr'n
bis an des Lebens End!
In jedem Wettspiel sich bewähr'n,
auch wenn die Sonne brennt.

Refrain:
Drum soll Begeist'rung uns entflammen,
hopp hopp hurra, hopp hopp hurra.
Und gelb und schwarze Banner wallen,
hopp hopp hurra, hopp hopp hurra!

Oft ziehen wir zum Wettspiel aus,
des Kampfes unbewusst;
doch bleibt niemand von uns zu Haus,
es wütet in jeder Brust.
Und ist der Kampf auch noch so groß,
der Sieg gehöret uns.
Wir kämpfen ja für „gelb und schwarz",
der Feinde Furcht und Hass.

Refrain

Und ist uns mal das Glück nicht hold,
verlier'n wir nicht den Mut.
Es winkt uns ja Revanche noch,
das kühlet unser Blut.
Getreulich woll'n wir alle dann
für Göttingens Ehre steh'n,
den Kampf führ'n bis zum letzten Mann,
wenn uns're Fahnen weh'n."

Refrain

Sonntag, den 15. Sept., nachmittags 3½ Uhr
auf dem Schützenplatz

Meisterschafts - Wettspiel

1. Klasse
zwischen den ersten Mannschaften

des Göttinger Fußball-Klubs von 1905
und des Casseler Fußball-Klubs „Teutonia".

Eintrittskarten a 50 und 30 Pfg., für Schüler
a 20 Pfg. sind im Vorverkauf bei Herrn **Erich
Mehrkorn, Zigarrenhandlung,** Weenderstraße 63
und am Eingang zum Spielplatz zu haben.

Die Anzeige zum ersten Meisterschaftsspiel in der 1. Klasse im A-Bezirk Hessen-Hannover am 15. September 1907. Kurz zuvor hatte am 11. August 1907 mit einem Freundschaftsspiel gegen Viktoria Hannoversch Münden (6:0) der Spielbetrieb auf der Schützenwiese begonnen, die damit die Bunsenwiese als Spielstätte ablöste. Die Gegner aus Kassel verließen übrigens beim Stande von 3:1 für 05 das Feld.

Leider ist zu diesem Teamfoto, das um 1910 entstand, nichts Näheres überliefert. Es dürfte sich allerdings in etwa um die gleichen Spieler handeln, die auch wenige Jahre zuvor bereits das 05-Trikot trugen und zum Teil in der Festzeitung namentlich angesprochen werden. Der GFC trug 1910/11 in der A-Klasse nur zwei Partien aus, musste in die B-Klasse absteigen und war damit erstmals nur noch Zweitligist.

Im Mittelpunkt dieser anlässlich der Weihnachtsfeier 1912 verfassten „Bierzeitung" stand ein siebenseitiges „Poem", das einen Rundumschlag zum damaligen Leben in Göttingen und insbesondere zum Vereinsleben von Göttingen 05 darstellte. Eine kleine Stilprobe: „Hieraus kann ein jeder sehn, Göttingen ist wirklich schön, ich darf nur nicht die Mädchen schaun, dann überläuft mich ein gelindes Graun, die eine ist dünn, die andre dick, kaum eine ist niedlich, keine ist chick ...". Nun ja ...

Diese Mannschaft errang in der Saison 1912/13 die zweite Meisterschaft in der Geschichte von Göttingen 05. Sie wurde, wie im Vorjahr, Titelträger der B-Klasse Südhannover, erreichte jedoch nicht die A-Klasse, da der Westdeutsche Verband nach einem Protest der in der Relegation unterlegenen „Sportfreunde Cassel" entschied, dass keine der beiden Mannschaften aufsteigen sollte.

Am 26. Oktober 1913 wurde bei strömendem Regen der Jahnsportplatz (im Volksmund „Jahn-wiese" genannt) mit einer großen Feier eröffnet. Das Vorzeigeobjekt blieb indes zunächst Tur-nern und Leichtathleten vorbehalten. Die große Besonderheit war dabei das Jahnhaus mit für damalige Verhältnisse hervorragenden sanitären Einrichtungen, die allerdings bis ins Jahr 1979 nicht durch modernere ersetzt wurden.

Vor dem Ersten Weltkrieg war es Göttingia 07 (später SVG Göttingen 07) kurzzeitig gelungen, sportlich am GFC 05 vorbeizuziehen. Das Bild zeigt beide Teams vor einem der Derbies, von denen es ab 1918/19 in der höchsten Spielklasse, der Kreisliga Hessen-Hannover, einige gab und die vor inzwischen teilweise vierstelligen Zuschauerzahlen stets hart umkämpft waren.

Weihnachtsfeier von Göttingen 05 im „Fürstenhof" in der Barfüßer Straße um 1920. Nach dem entbehrungsreichen Krieg waren gesellschaftliche Anlässe wie dieser eine willkommene Abwechslung. Die Vereine bekamen regen Zulauf – nicht zuletzt, weil die Gründung der Weimarer Republik die Einführung des Acht-Stunden-Arbeitstages nach sich gezogen hatte, was verstärkte Freizeit-Beschäftigungen zuließ.

Am 4. Mai 1920 fand die Umbenennung des bereits 1919 als erster Sport-Klub Südniedersachsens im Vereinsregister eingetragenen GFC 05 in „Verein für Rasenspiele von 1905 Göttingen e.V." statt. Bereits ein Jahr später, am 27. Mai 1921, folgte die nächste Namensänderung in „1. Sport-Club von 1905 Göttingen". Damit sollte dem Zuwachs durch andere Sparten Rechnung getragen werden.

In Lauscha im Thüringer Wald posiert das 05-Team 1920/21 gemeinsam mit dem Gegner. In diesem Spieljahr wurde 05 Meister der Kreisliga Südhannover, unterlag anschließend im Entscheidungsspiel um die Gaumeisterschaft Kassel mit 1:3 nach Verlängerung gegen den VfB Marburg. Im 05-Team befanden sich u.a. Willi Bolle, Willi Bühre und Karl Siebert.

Spielszene des Vergleiches der Gau-Auswahlen von Hessen-Hannover und Westfalen am 8. Mai 1921 auf der Schützenwiese. Der Heimplatz von 05 wurde später zum B-Platz des „Alten Maschparks". Links im Bild zu sehen ist Torhüter Schübel vom Akademischen Sport-Club (ASC) - nicht zu verwechseln mit dem heutigen Allgemeinen Sport-Club Göttingen von 1846.

1921/22 spielte 05 in der Gauliga Hessen-Hannover und blieb anschließend bis 1934 weiterhin durchgehend erstklassig, bei allerdings häufigen Änderungen der regionalen Zuteilung. 1923 kam es auf der Colosseumswiese wieder zu einer Partie in der Einheitsliga Südhannover gegen die nunmehrige SVG Göttingen 07, die in diesen Jahren aber zumeist das Nachsehen hatte.

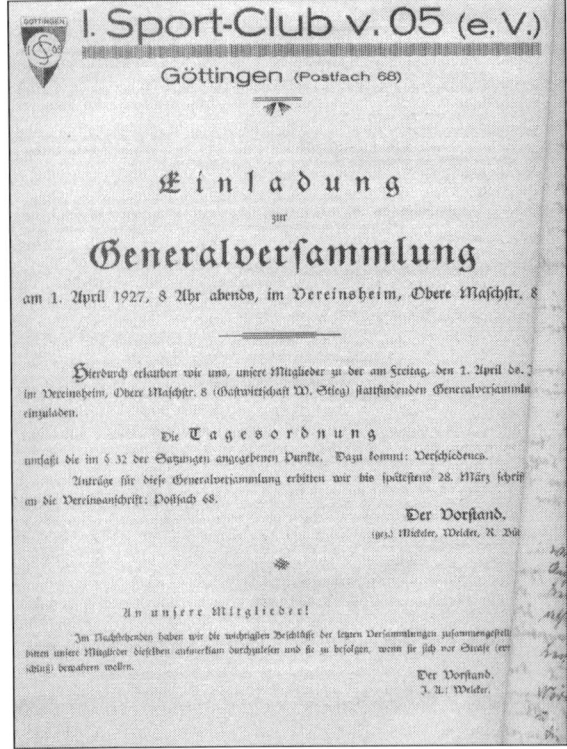

Im Archiv von Göttingen 05 fand sich eine gebundene Mappe, die dieses Dokument in sich barg. Die Einladung zur Generalversammlung am 1. April 1927 im Vereinsheim in der „Gastwirtschaft W. Stieg" in der Oberen Maschstraße 8 ist vom Vorstand - bestehend aus Gustav Mikeler, Max-Nikolaus Welcker (einem Sport-Redakteur des „Göttinger Tageblattes") und Rudi Bühre - unterzeichnet.

Diese Postkarte zeigt den Maschpark, wie er nach dem Bau 1927/28 aussah. Im Vordergrund das Dach der Lokhalle, im Hintergrund das neu errichtete Schützenhaus, dessen Vorgängermodell den 05ern nun als Umkleide diente. Die Schützenwiese (hinten rechts) war nunmehr der B-Platz einer Anlage, die von den Mitgliedern in Eigenleistung erbaut worden war und mehrere Tausend Zuschauer fasste. Am 27. August 1928 wurde die neue 05-Sportstätte mit einem Spiel gegen Kurhessen Kassel eingeweiht.

Lediglich durch die Beanspruchung der Spieler beim Stadionbau etwas zurückgeworfen, konnte 05 in den späten 1920er-Jahren konstant in der Bezirksklasse Nord an der Spitze mitspielen. Das starke Team jener Jahre bildeten (von links) Ochmann, Reichstein, Pontello, Heinemann, Rudi Bühre, Holzapfel, Hartmann, Sroda, Willi Bühre, Geisendorf und Albert „Knoten" Müller.

Erstmals waren zu Beginn der 1930er-Jahre auch renommierte Mannschaften zu Gast in Göttingen. So konnte am 6. Juni 1930 anlässlich der Sportwoche zum 25. Jahr des Vereinsbestehens ein 5:1-Sieg im ersten internationalen Vergleich gegen den Wiener AC gefeiert werden. Bei einem kurz darauf folgenden Gastspiel von Jahn Regensburg mit Nationaltorwart Hans Jakob (Bildmitte) gab es ein 5:5.

1931/32 wurde Göttingen 05 erstmals Meister der Bezirksklasse Nord. Im anschließenden Endspiel um die Bezirksmeisterschaft gegen Borussia Fulda unterlag man im Maschpark vor rund 3.000 Zuschauern aber mit 0:3 und musste sich dem Südmeister auch im Rückspiel mit 1:4 geschlagen geben. Im gestreiften 05-Trikot ist Außenläufer Karl Pflügler zu erkennen – hier beim vergeblichen Versuch, einen Treffer von Fulda zu verhindern.

Sport=Nachrichten

Gauliga Niedersachsen in Aktion

Bremen auf der ganzen Linie geschlagen

Eintracht Braunschweig siegt gegen 05 Göttingen 4:1 (2:0)

Im Eintracht-Stadion an der Hamburger Straße standen sich zum ersten Male der 1. SC. 05 und die blaugelbe Eintracht im Punktspiel gegenüber. Wie wir vermutet hatten, konnte sich die Göttinger Vertretung auch mit Marten nicht durchsetzen. Allerdings hätte das Ergebnis nicht 4:1 lauten brauchen. Die Braunschweiger lieferten eine ganz hervorragende Partie und übertrafen selbst die Erwartungen ihrer Anhänger.

Der Spielverlauf.

Vom Anpfiff weg sehen sich die Braunschweiger durch und drängen stark, so daß die Göttinger Hintermannschaft auf eine harte Probe gestellt wird. Das Spiel ist zunächst noch sehr aufgeregt und es zeigt sich, daß auch die 05er Könner in ihren Reihen aufweisen. Erst nach einer halben Stunde kann Sukopp (Eintracht) einen Flachschuß anbringen, der die 1:0 Führung ergibt. Kurauf verschuldet wenig später einen Elfmeterball als er Heinrich zu hart angeht. Heinrich schießt zum 2:0 ein. Erst nach der Pause kommen die Göttinger besser ins Spiel. Die Braunschweiger müssen sich nach allen Regeln der Fußballkunst wehren, doch hilft alles nichts, denn der nach vorn gewechselte Müller verringert den Abstand auf 2:1. Bei 05 zeigt Kurauf immer wieder ausgezeichnete Paraden. Eintracht befürchtet den Ausgleich, doch stellt Feuerhahn (Eintracht) durch einen Prachtschuß den Pausenvorsprung wieder her und in den Schlußminuten haben die Göttinger garnichts mehr zu bestellen, so daß noch einmal Feuerhahn auf 4:1 erhöhen kann.

Eintracht siegte verdient und war den Göttingern in der Spielauffassung einbeutig überlegen. Vielfach sah man sogar ausgezeichnetes Kombinationsspiel, das nicht ohne Erfolg bleiben konnte. Die Läuferreihe halte in Sacha ihre Hauptstütze, die Verteidigung stand eisern und der Sturm zeigte ein verständnisvolles und technisch gutes Zusammenspiel, dem gegenüber die Göttinger Verteidigung einen schweren Stand hatte. Bei 05 war unbedingt Kurauf der weitaus beste Spieler. Er hielt die unmöglichsten Sachen, fing selbst den Elfmeterball ab, so daß die Torentscheidung des Schiedsrichters angezweifelt werden kann. Von den Verteidigern war Mußialowski der bessere. Leider enttäuschte die Läuferreihe und im Sturm Klappke garnicht. Kerl gehört noch nicht in die Mannschaft, wir haben seine Aufstellung an dieser Stelle schon öfter bemängelt. Vorsühl konnte ebenfalls nicht überzeugen und auch jetzt blieb die Leistung der Vorderreihe hinter dem zurück, was man bei einer Gauligamannschaft verlangen sollte.

Der Schiedsrichter Meyer-Hildesheim leitete korrekt, aber kleinlich.

Wir bedauern, daß sich unsere Voraussage als richtig erwies und hätten gern einen Göttinger Erfolg gesehen. Hoffentlich hat der 1. SC. 05 in Hildesheim mehr Glück.

Ein schöner Sieg der Jungliga.

Eintracht — 1. SC. 05. 0:1.

Die Göttinger Jungligamannschaft konnte in Braunschweig überraschen. Die Spieler der Eintracht erwiesen sich zwar als technisch überlegen, die Vorderreihe war aber vor dem Tor zu unentschlossen und gegen die 05er Verteidigung mußte man schon mit anderen Sachen kommen. Bei den Göttingern war Engel als Back ganz hervorragend. Im Sturm zeigte sich Schulze am erfolgreichsten, er schoß auch die ersten drei Tore, das vierte Tor brachte Haafe über die Linie. Wir gratulieren der 05er Jungliga zu diesem großen Erfolg.

Eintracht 1. Jug. — 1. SC. 05 1. Jug. 3:1.
Grote 3. — 1. SC. 05 3. 5:2.

SV. Bremen — Hildesheim 06 1:4 (0:1).

In Bremen mußte sich der Sportverein nach abwechslungsreichem Spiel von den Hildesheimer Gästen schlagen lassen. Hildesheim zeigte ein erfolgreiches Kombinationsspiel und erwies sich als viel durchschlagskräftiger. Die Tore gegen Bremen kamen auf recht unglückliche Weise zustande, die Mannschaft verstand sich nicht recht und auch Umstellungen nützten nichts.

Die Bremer Jungliga siegte 5:1.

Hannover 96 — Komet Bremen 6:1 (2:1).

Die Schwarz-Weiß-Grünen hatten diesmal auf der Rahrenbahn einen guten Tag und konnten auch ohne die Gebrüder Mang mit unerwartet klarem Vorsprung siegreich bleiben. Die Bremer spielten zwar aufopfernd und hart, die Mannschaft war unstreitig körperlich in sehr guter Verfassung, das alles aber reichte nicht in entferntesten aus, die 96er einzuschüchtern. Für den einzigen Bremer Erfolg zeichnet allein der 96er Torwart verantwortlich. Die Hannoveraner waren die ganze Spielzeit hindurch klar überlegen.

Die 96er Jungliga blieb mit 8:3 erfolgreich.

Algermissen — Werder Bremen 2:1 (1:1).

Das Spiel war äußerst hart und nahm einen spannenden Verlauf. Die Bremen wehrten sich, so gut es ging und verloren nicht ganz verdient. In beiden Mannschaften überragten die Verteidigung garnicht. Bei Bremen war der Schalker Tibußki eine Enttäuschung. Algermissen siegelte, nachdem einmal die Führung errungen war, den Laden zu und wer Algermissen kennt, weiß, daß dann für den Gegner nichts mehr zu erreichen ist.

Im Spiel der Jungligen siegte Werder 3:1.

SBG. — Spielvg. Hildesheim 2:1

Verheißungsvoller Beginn am Sandweg — Verdienter Sieg der SBG.

manche Chance unausgenützt blieb. Bei den Gästen war der Mittelläufer recht eifrig, auch der Rotschopf im Tor ließ sich nicht aus der Ruhe bringen, sonst war die Mannschaftsleistung ausgeglichen. Hildesheim kam mit Ossenkopp; Liebelt, Kandwitz, Grafe, Sülz, Roth; Klages, Holze, Eggers, Plöße, Kothe. SBG. erschien mit der angekündigten Mannschaft.

SBG. 1. Jug. — Niedersachsen 1. 5:1.

Die körperlich überlegenen Niedersachsen vermochten den technischen Vorsprung der SBG-Elf nicht auszugleichen. Die Siegermannschaft hatte ihre besten Spieler in der Läuferreihe.

Pf.

SC. Northeim — BfB. Braunschweig 2:4 (0:2)

Die Northeimer hatten gleich im ersten Spiel einer der stärksten Mannschaften ihrer Staffel zum Gegner und unterlagen mit klarer Tordifferenz. Immerhin hielten sich die Einheimischen sehr gut. Hauptverantwortlich für die Niederlage zeichnet bei Northeim die gesamte Läuferreihe, in der Länge so ziemlich ausfiel. Im Sturm wollte kein Zusammenspiel aufkommen. Die Mannschaftsleitung war mäßig.

Weltspiele

Einmarsch der Nationen

Vor über 60 000 Zuschauern wurden die Studentenweltspiele am Sonntag mit dem feierlichen Einmarsch der Nationen eröffnet. Das Farbenspiel der Fahnen ergab ein leuchtendes Bild, in schnurcker Haltung, in Reihe und Glied marschierten die Aktiven auf und wurden von der Menge begeistert begrüßt. Bei den Deutschen trugen Cberle und Steckemesser die beiden Nationalflaggen. Unmittelbar nach dem Wiederausmarsch wurde zum Fußball-Länderkampf Deutschland — Italien angepfiffen.

Mißerfolge im Schwimmen

Schon vorher waren die Aussichten unserer Schwimmer nicht hoch eingeschätzt worden. Lediglich Schubmann vermochte sich in einem Vorlauf für die Entscheidung zu qualifizieren, wo er im 100 m Rückenschwimmen hinter Griffith-Schweiz den 2. Platz belegte.

Im Rückenschwimmen versagte Henke-Göttingen, im Crawlschwimmen waren Schweizer, Diebold und Wittig Enttäuschungen.

Handball

1. SC. 05. — SC. Braunschweig 11:4.

Die Göttinger, welche nicht einmal ihre beste Vertretung zur Stelle hatten, siegten nach überlegenem Spiel verdient in der Höhe.

Tischtennis

Blaugelb Braunschweig — 1. SC. 05 6:3.

Wie erwartet reichte das Können der Göttinger noch nicht ganz an die Leistungen der Braunschweiger heran.

Deutsche Wasserballmeisterschaft

„Hellas" und Weißensee 96 siegreich.

In dem vor 1000 Personen gutbesuchten Erfurter Stadtbad begannen am Sonnabend die Endspiele um die Deutsche Wasserballmeisterschaft.

1933/34 spielte 05 nach der Auflösung des Westdeutschen Spielverbandes und der kommunalen Neuordnung unter den Nazis in der Gauliga Niedersachsen, die erstmals eine überregionale 1. Liga darstellte. Es erfolgte allerdings der sofortige Abstieg. Der Zeitungsartikel beschäftigt sich mit einer Niederlage bei Eintracht Braunschweig am 3. September 1933.

1935/36 wurde 05 wieder Meister der Bezirksliga und konnte sich auch in der Aufstiegsrunde zur Gauliga durchsetzen. Jedoch folgte erneut der prompte Wiederabstieg in die Bezirksliga, wo man sich zwar in den folgenden zwei Spielzeiten die Meisterschaft sicherte, aber jeweils in den Aufstiegsrunden scheiterte. Im Bild eine Szene aus dem mit 8:0 gewonnenen Bezirksliga-Derby im Jahre 1938 am Sandweg, der neuen Spielstätte der SVG.

Abgebildet ist das Team von 1939/40, das nach der Meisterschaft in der Bezirksliga Südhannover den Wiederaufstieg in die 1. Liga (Gauliga Niedersachsen-Süd) schaffte. Zuvor konnte 05 am 20. August 1939 – dem erstmaligen Auftritt im DFB-Pokal – den 1. SV Jena mit 4:3 besiegen. Das Aus folgte allerdings am 19. November 1939 in der zweiten Runde beim FC Sportfreunde Leipzig.

2

Die Zeit von 1945 bis 1958
Große Spiele in der Oberliga Nord

Der Zuzug zahlreicher Ostflüchtlinge in der Nachkriegszeit bescherte den Göttinger Fußball-vereinen einen nie erlebten Zulauf. 05, aufgrund einer alliierten Anordnung für zwei Jahre unter dem Namen „Schwarz-Gelb Göttingen" spielend, errang 1946 in einem Entscheidungs-spiel um den Aufstieg in die höchste Spielklasse Niedersachsens gegen die SVG 07 (seiner-zeit „Göttingia" genannt) einen der wichtigsten Siege in der Vereinsgeschichte. Dieser zementierte die anschließend über Jahrzehnte unangetastete Führungsrolle der Schwarz-Gel-ben in der Universitätsstadt.

1948 traf 05 mit den Aufstieg in die ein Jahr zuvor gegründete Oberliga Nord auf Gegner wie den Hamburger SV und Werder Bremen. Göttingen stand vor den aufregendsten Stunden seiner Fußballgeschichte. Mit einem Besucherschnitt von über 11.000 erfreuten sich die 05er in ihrer ersten Oberliga-Saison einer bislang nie wieder erlebten Beliebtheit. Aus vielen Orten Südnie-dersachsens kamen an den Spieltagen Sonderzüge mit Fans angerollt (praktischerweise lag der „alte Maschpark" direkt hinter dem Hauptbahnhof) und sportlich war das Kollektiv um Regis-seur „Pit" Gunkel durchaus erstklassig. Am 23. Januar 1949 begrüßte man gegen den FC St. Pauli über 17.000 Zuschauer im völlig überfüllten Maschpark – und selbst zum belanglosen Spiel gegen Concordia Hamburg kamen noch 5.000 Besucher.

Bald aber machten sich erste wirtschaftliche Probleme bemerkbar. Trotz der Unterstützung durch die örtliche Brauerei (Brauereidirektor Dr. Alfons Quatz fungierte bisweilen als 1. Vorsit-zender), konnte man mit den Großklubs aus Hamburg, Hannover, Bremen oder Braunschweig nicht mithalten. Der Weg nach ganz oben blieb den Schwarz-Gelben somit versperrt. Dennoch haben sich einige Highlights tief in das Göttinger Fußballbewusstsein eingegraben. Am 15. Oktober 1950 errang die Mannschaft von Trainer Gustav Brust vor der bis 1982 Bestand habenden Rekordkulisse von über 20.000 Zuschauern einen viel bestaunten 2:0-Heimsieg über den norddeutschen Abonnementsmeister Hamburger SV und damit die Tabellenführung der Oberliga Nord. Deutschlandweit sprach man seinerzeit von Torjäger Günter Schlegel, Torhüter Vogel, dem unverwüstlichen Willy Raytarowski und der Abwehr um Routinier Werner.

1951 wurde mit Fritz Rebell ein Trainer verpflichtet, unter dem 05 in späteren Jahren die größten Erfolge seiner Vereinsgeschichte feiern sollte. Er war ein väterlicher Fußballlehrer, der militärischen Befehlston mit fürsorglicher Pflege kombinierte. Unter seiner Ägide schien sich 05 zunächst im oberen Mittelfeld der Oberliga festzusetzen, doch ab Mitte der fünfziger Jahre begann der Göttinger Fußballstern durch Abgänge begabter Kicker zu zahlungskräftigeren Großvereinen (Torjäger Schlegel beispielsweise ging 1953 zum HSV) sowie finanziellen und internen Problemen allmählich zu sinken. 1958 kam schließlich der Abstieg aus der Oberliga Nord. Die Mannschaft war völlig zerstritten gewesen, im Vorstand war es drunter und drüber gegangen, die Kassen hatten gähnende Leere gezeigt und der Maschpark war von Jahr zu Jahr mehr verfallen. Nach zehn Jahren im norddeutschen Oberhaus war Göttingen wieder zur Fuß-ballprovinz geworden.

Die Mannschaften von 05 (in weißen Hosen) und der SVG stehen sich vor dem Freundschafts-Derby am 7. September 1947 gegenüber. Das Spiel fand aus Anlass der Feierlichkeiten zum 40-jährigen Bestehen der SVG statt und wurde von den Schwarz-Gelben mit 4:3 gewonnen.

Als 1947 die Oberliga Nord gegründet wurde, war 05 zunächst nicht dabei. Man spielte stattdessen in der Verbandsliga Niedersachsen auf zweithöchster Ebene. Auch diese Spielszene (in der Bildmitte Schinkel) stammt aus dem Derby im September 1947 gegen die SVG, die ansonsten in der Bezirksliga kickte und damit den Kampf um die Vorherrschaft in Göttingen einstweilen verloren hatte.

Nach dem Titelgewinn in der Verbandsliga Hildesheim 1947/48 qualifizierte sich 05 für die Aufstiegsrunde zur Oberliga Nord und wurde in der Endrunde punktgleich mit dem Itzehoer SV Tabellendritter. Das notwendige Entscheidungsspiel um den dritten Aufstiegsplatz entschied 05 am 25. Juli 1948 auf neutralem Boden am Bischofsholer Damm in Hannover vor 1.000 mitgereisten Anhängern mit 3:0 für sich. Im Bild das 2:0 durch Schulze.

Die Mannschaft, die unter dem noch in der Aufstiegsrunde verpflichteten neuen Trainer Willnecker (zuvor SV Arminia Hannover), der in dieser Funktion Herbert Sukop abgelöst hatte, den Aufstieg unter Dach und Fach brachte. Von links: Willnecker, Schneider, Raytarowski, Bertram, Zeisler, Vogel, Schinkel, Schulze, Hinke, Harborth, Heper, Eckhardt und Schwarz.

Am 29. August 1948 erzielte Zeisler im ersten Oberliga-Spiel im erweiterten Maschpark alle drei Tore beim 3:2-Sieg gegen Werder Bremen. 12.000 begeisterte Zuschauer bildeten die bis dahin größte Kulisse, die Göttingen bei einem Fußballspiel erlebt hatte. Das Bild zeigt Torwart Vogel bei einer Parade. 05 trat übrigens in dieser Saison meist in weißen Hosen und blauen Trikots an.

Am 5. September 1948 konnte bei Traditionsgegner SV Arminia Hannover ein 4:0-Sieg durch Tore von Bertram, zweimal Zeisler und Harborth errungen werden. Auch bei Auswärtsfahrten fanden sich, wie auf diesem Bild aus dem entsprechenden Spiel zu sehen, zunehmend Schlachtenbummler ein. Mit dem zweiten Sieg im zweiten Oberliga-Spiel empfahl sich 05 für das folgende, erstmalige Aufeinandertreffen mit dem Hamburger SV.

Zum ersten Spiel in einer Reihe kommender großer Duelle gegen den HSV strömten am 12. September 1948 offiziell 14.000 Besucher in den Maschpark. Im Bild klärt Mittelläufer Willy Raytarowski durch einen Fallrückzieher, doch auch er konnte letztlich nicht verhindern, dass die Partie gegen den Dauermeister der Folgejahre mit 1:4 verloren ging.

Ausgelassen bejubeln die Spieler am 23. Januar 1949 den durch Tore von Robert Bertram und Günther Schlegel errungenen 2:0-Erfolg gegen den FC St. Pauli. 17.000 Zuschauer hatten den Sieg mit ansehen dürfen. Im Schnitt kamen in der ersten Oberligaspielzeit 11.000 Besucher, was bis heute 05-Saisonrekord geblieben ist.

Bericht des 1. Vorsitzenden

Als der jetzige Vorstand im Juli 1948, wenige Tage nach der für das Wirtschaftsleben Deutschlands ebenso wie für das jedes Sportvereins und jeder Einzelperson einschneidenden Währungsreform, seine Arbeit begann, stand 05 vor entscheidenden Ereignissen. Die letzten Aufstiegspiele sollten zeigen, ob unsere erste Fußballmannschaft, der wichtige Kern des Vereins, den Aufstieg zur Oberliga schaffen würde. Wir alle können uns noch genau an jede Phase des entscheidenden Spieles in Hannover gegen Itzehoe erinnern. Eine selten erlebte Begeisterung sowohl bei den Schlachtenbummlern in Hannover, wie bei den auf dem Maschpark anwesenden Mitgliedern, die eine direkte Übertragung des Spieles erlebten, ergriff Göttingen.

Die mit dem Aufstieg in die Oberliga verbundenen Arbeiten stellte die Vereinsleitung vor völlig neue Aufgaben. Unsere Platzanlage, die bis dahin bei äußerster Ausnutzung etwa 7000 Zuschauern Platz bot, mußte vergrößert werden. Denn wir mußten damit rechnen, daß in Zukunft bei den wichtigsten Spielen bis zu 20 000 Zuschauer kommen würden. Innerhalb weniger Wochen wurde an der Ostseite eine Stehtribüne geschaffen und dadurch das Fassungsvermögen des Platzes so erweitert, daß bei der Machtprobe, beim Spiel gegen den H S V, die erschienenen 18 000 Zuschauer gute Sichtmöglichkeit hatten. Daß es für den Vorstand nicht ganz einfach war, dieses Bauvorhaben zu beschließen und durchzuführen, ist am besten zu erklären, wenn ich daran erinnere, daß bei der Übernahme der Geschäfte nur ein Kassenbestand von wenigen DM vorhanden war. Alle weiteren organisatorischen Fragen, die für einen Oberligaverein entsprechend größer sind, sind so erledigt worden, daß die Stadtverwaltung und die Sportbehörden die Arbeit anerkennen. 05 muß von der Sportführung Niedersachsens erwarten, daß sie unsere Pionierarbeit in Südhannover unterstützt, indem sie schnellstens ein wichtigeres Repräsentativ-Spiel nach Göttingen verlegt.

Alle Abteilungen des Vereins, unter Führung bewährter Abteilungsleiter, haben im vergangenen Jahr vorbildliche Arbeit geleistet, und damit das Ansehen von 05 weit über die Grenzen von Südhannover hinaus gefördert. Besonders unsere Jugendabteilungen im Fußball und in der Leichtathletik mit ihren hervorragenden Leistungen des letzten Jahres bestätigen, daß es für einen Sportverein nicht Wichtigeres gibt, als die Förderung der Jugend.

Allen meinen Mitarbeitern sowohl in der Verwaltung wie in der sportlichen Leitung spreche ich meinen Dank für vorbildliche und kameradschaftliche Zusammenarbeit aus. Ihnen gebührt Dank und Anerkennung des Vereins und des gesamten Sportes unserer engeren Heimat.

05 möge wachsen und gedeihen.

H i n r i c h s

1. Vorsitzender

In der Sommerpause vor der Saison 1948/49 wurde der Maschpark durch die Aufschüttung von Erdwällen auf ein Fassungsvermögen von bis zu 20.000 Zuschauern gebracht. Zuvor hatte er im Höchstfall 7.000 Besucher Platz bieten können. Damit beschäftigt sich unter anderem der Jahresbericht des 1. Vorsitzenden Adolf Hinrichs auf Seite 5 der Vereinsnachrichten von 1949.

28

Grund zum Feiern hatte man nach der ersten Saison in der Oberliga Nord eigentlich nur, weil der Abstieg durch eine Ligareform vermieden werden konnte. Hier in der Bildmitte rechts neben Willy Raytarowski der Linksaußen der späten 1940er, Robert Bertram. Der in Göttingen aufgewachsene Schauspieler Werner Enke behauptet übrigens, er sei ob der Tatsache, dass viele Fans meinten, Bertram würde zuviel „fummeln", dazu inspiriert worden, im 1960er-Kultfilm „Zur Sache Schätzchen" das Wort in Deutschland salonfähig zu machen – allerdings in einem anderen Zusammenhang ...

Die Mannschaften vor dem Freundschaftsspiel gegen Nottingham Forest, das am 21. Mai 1950 durch zwei Tore von Graf mit 2:2 endete. Es bildete den feierlichen Schlusspunkt einer Saison, in der 05 nach einer 0:3-Auftaktniederlage gegen Werder Bremen vor 15.000 Besuchern im Maschpark (der größten Kulisse des Spieljahres) mit durchwachsenen Ergebnissen am Ende gerade eben die Klasse hielt.

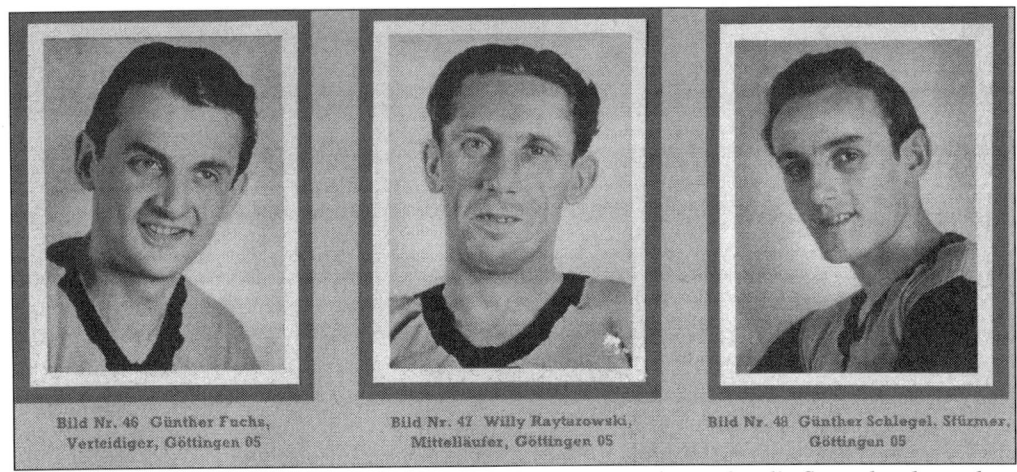

Bild Nr. 46 Günther Fuchs, Verteidiger, Göttingen 05

Bild Nr. 47 Willy Raytarowski, Mittelläufer, Göttingen 05

Bild Nr. 48 Günther Schlegel, Stürmer, Göttingen 05

Aus einem Sammelalbum der Zigarettenfabrik Greilich von 1950, das die Stars des deutschen Fußballs jenes Jahres zeigte. Von Göttingen 05 waren drei Spieler vertreten: Verteidiger Günther Fuchs (geb. 1. August 1925, war 1949 aus Stralsund gekommen), Mittelläufer Willy Raytarowski (geb. 20. Januar 1916, beendete 1951 seine Karriere) und Stürmer Günther Schlegel (geb. 10. Januar 1926, war 1947 aus Hameln gekommen und ging 1953 zum HSV).

Das Team mit einigen Neuverpflichtungen posiert vor der Saison 1950/51. Von links: Raytarowski, Forner, Müller, Vogel, Gunkel, Fuchs, Schlegel, Werner, Piwon, Wenzlawek und Koschinski. Trainer war inzwischen Gustav Brust, ein Schüler Sepp Herbergers. Unter Brust war es bereits in der Vorsaison leicht aufwärts gegangen, nachdem er Willi Schäfer abgelöst hatte.

Beim Spitzenspiel der Oberliga Nord gegen den HSV am 15. Oktober 1950 vor inoffiziell 22.000 Besuchern (diese Kulisse bedeutete den Gesamtrekord von 05 im Maschpark) zierte ein Werbebanner für „Göttinger Biere" die Zuschauer-Tribüne. Mit Alfons Quatz war der Göttinger Brauereidirektor seinerzeit Vereinsvorsitzender und unterstützte finanziell die zunehmend teurere Teilnahme an der Oberliga.

Das Interesse an dieser Partie war in jenen Herbsttagen des Jahres 1950 riesig und die Stadt wirkte wie ausgestorben. 05 stand nach den ersten acht Spielen nur einen Punkt hinter dem Spitzenreiter HSV. Die Zuschauer auf den teilweise improvisierten Stehplatzrängen erlebten den ersten Sieg über den Dauermeister des Nordens. Das 2:0 gegen Laband, Posipal, Spundflasche und Co. bedeutete die Übernahme der Tabellenführung.

Göttingen Tabellenführer

Freunde, wenn das keine Ueberraschung ist: Göttingen 05, in der vergangenen Saison knapp dem Abstieg entronnen, bereitete dem „ewigen" Nordmeister HSV die erste Niederlage und wurde damit selbst stolzer Tabellenführer! Der FC. St. Pauli, der ja im Verpassen günstiger Gelegenheiten nun einmal besondere „Fähigkeiten" besitzt, hätte sich selbst auf den ersten Platz setzen können, aber er ließ sich prompt von Hannover 96 in seiner vierten (!) Remispartie einen Punkt abnehmen. Immerhin sind die Leute vom Millerntor als einzige noch ungeschlagen. Die Rumpler der beiden Hamburger „Großen" kamen vor allem Werder Bremen und dem VfL. Osnabrück zugute, die dadurch den Anschluß an die Führungsgruppe halten konnten, wobei die Niedersachsen allerdings wieder einmal keine überzeugende Leistung boten. Auch Eintracht Braunschweig leistete sich, dem Siege bereits sehr nahe, wieder eine Entgleisung in Osnabrück, und der Neuling Altona 93 und Eintracht Osnabrück sprang diesmal je ein Punkt heraus, mit dem sie allerdings noch nicht viel anfangen können.

Erste HSV-Niederlage durch Göttingen

Beim H S V. klappt es seit einiger Zeit im Angriff nicht recht. Dennoch hat wohl kaum jemand ernsthaft mit einer Niederlage der Rothosen gerechnet. Und doch muß man feststellen, daß das 2:0 (1:0), mit dem G ö t t i n g e n 05 den stolzen Spitzenreiter enthronte, durchaus verdient war. Die Universitätsstädter begannen von 20 000 Zuschauern stürmisch angefeuert, mit großem Elan, und als des Nordens bisher erfolgreichster Torschütze Schlegel schon nach zehn Minuten einen Elfmeter zum Führungstor verwandeln konnte, da war auch das Selbstvertrauen des Außenseiters außerordentlich gestiegen. In einem spannenden, dramatischen Treffen blieb es bei diesem Stande bis zur Pause, und als dreizehn Minuten nach Seitentausch Linksaußen Piwon auf 2:0 erhöhte, dröhnte ein Beifallsorkan der begeisterten Zuschauer auf, wie man ihn in Göttingen wohl noch kaum erlebt hatte. Wohl setzte der HSV. nun alles auf eine Karte, aber die Gastgeber verstärkten nun taktisch richtig ihre Abwehr und vermochten den wertvollen Vorsprung sicher bis zum Schlußpfiff zu behaupten.

St. Pauli krankt am Angriff

H a n n o v e r 96, dem bisher nur ein einziger Sieg gelungen ist, konnte man gegen den F C. S t. P a u l i kaum bessere Aussichten einräumen, und um so erstaunter waren die 10 000 Zuschauer, als Loth acht Minuten vor dem Ende einen Freistoß verwandelte und damit das Endresultat von 2:2 herstellte. Das ist ein großer Achtungserfolg für die Gäste. Die erste Halbzeit war eine sehr matte Angelegenheit, und erst in der 43. Minute erzielte Famula das Führungstor für die Hamburger, das Wewezter in der wesentlich bewegteren zweiten Halbzeit (69. Minute) ausglich. Nochmals übernahm St. Pauli durch ein Tor von Kruppa eine Viertelstunde die Führung, aber dann machte Loth die Braunhosen doch noch um einen Punkt. Die Hauptschuld muß aber der Gastgeber bei sich selbst suchen, denn sein Angriff hatte hinreichend die Gelegenheit, den Sieg zu sichern.

Werder gewann Bremer Derby

25 000 kamen ins Weserstadion. Würde W e r d e r es diesmal schaffen? Der B r e m e r S V. ist nicht zu verachten, er hat eine eisenharte Abwehr, und die schätze der Texas-Elf auch diesmal höllisch zu. Das 3:1 (2:1), mit dem Werder gewann, läßt rein äußerlich erkennen, wie schwer dieser Sieg fiel, der praktisch erst mit dem Schlußpfiff zusammen feststand, als Rath in der 89. Minute das dritte Tor erzielte. Das schon in der fünften Minute von Klinge erzielte erste Tor holte der BSV. in der 17. Minute durch einen vom Verteidiger Maßen verschuldeten Elfmeter auf, und erst fünf Minuten vor der Pause gelang Preuße das 2:1, bei dem es dann bis zur 89. Minute blieb.

Oldenburgs große Energieleistung

Es schien, als sollte dem VfB. O l d e n b u r g auf eigenem Platz eine neue Niederlage sicher sein, als Gast E i n t r a c h t B r a u n s c h w e i g mit 3:1 führend wie der sichere Sieger aussah. Ohne Zweifel lieferten die Mannen um den alten Repräsentativen Fricke das klar reifere, bessere Spiel, das durch drei Tore des sehr eindrucksvoll aufspielenden Halblinken Thamm seinen zahlenmäßig gerechten Niederschlag fand. Aber die Oldenburger setzten dem größeren Können ihrer Gäste einen prachtvollen Kampfgeist entgegen, sie ließen sich

mutigen, und tatsächlich schafften sie es noch, die beiden Punkte an sich zu reißen. Ruppelt (2), Ziesow und Schlack waren ihre Torschützen. Es war ein glücklicher Sieg, denn ein Unentschieden zumindest hätten die Braunschweiger schon verdient.

Elfmetersieg des VfL Osnabrück

So groß der V f L. O s n a b r ü c k gestartet war, so sehr ist er in den letzten Wochen in seinen Leistungen zurückgegangen, und das 2:0 (0:0) über C o n c o r d i a H a m b u r g hat bei den 9000 Zuschauern alles andere als Befriedigung ausgelöst. Die Concorden hatten eine sehr stark, meist auch zahlenmäßig bedeutende Abwehr zur Stelle; es schien, als hätten die Hamburger sich von Anfang an darauf eingestellt, ein torloses Unentschieden zu halten. Dank der Glanzleistung ihres Torwarts Röhrig und der matten Angriffsleistungen der Osnabrücker, bei denen lediglich Irmen und Haferkamp im Sturm einigermaßen zu entsprechen vermochten, gelang dieses Vorhaben fast bis zur Pause. Als die Gäste dann eine Viertelstunde nach der Pause noch Kupsch durch Verletzung verloren — er stand nur noch als Statist am Flügel — brach das Unheil über sie herein. Beide Tore fielen jedoch nur durch verwandelte Elfmeter; jedesmal war Vetter, der im übrigen einen ausgesprochen schwachen Tag hatte, der erfolgreiche Vollstrecker.

„Ehrenwache" für den Schiedsrichter

Die große Gelegenheit, direkten Anschluß an die Spitzengruppe zu finden, verpaßte A r m i n i a H a n - n o v e r durch eine vor 10 000 Zuschauern erlittene 0:2-(0:0)-Niederlage gegen B r e m e r h a v e n 93. Die Stärke der Gäste lag in ihrer außerordentlich sicheren, konsequent deckenden Abwehr, die den Arminias Sturm nicht zur Entfaltung kommen ließ. In der ersten halben Stunde, in der sie ihre beste Zeit hatten, kamen die Leute aus Bremerhaven jedoch zu keinem Erfolge. Sie stellten sich erst nach der Pause ein, wobei Rieck und Neused, letzterer durch Elfmeter, erfolgreich waren. Schiedsrichter Imbeck aus Hamburg erregte durch zahl-

*... sofir
die Wu
wirkt bl
und

reiche sehr zw
willen der Zusch
liche „Ehrenwa
Kabinen zu verl*

R
*Diesmal gab e
Punkt, da sich
O s n a b r ü c k
„Ehren des Tag
nisch entschied
des großen Adol
starken Osnabrü
Halbzeit durch
bald nach der P
von Groschwitz
Viertelstunde wa
kraftvollen Ende
Möglichkeiten zu
konnten nicht ge
gut so, denn die
gewiß nicht ver*

Schleswig-H
*Am Sonntag e
schauern die Au
Holstein und B
Internationalen
Sobek betreut,
Empfehlung ein
stärkste Vertret
einem Sieg weit
noch zehn Minu
die Vertretung a
rechtigkeit gebie
der im Feld m
ihrem konsequte
vermochten du
wäre.*

Tabellenspiegel der 1. Liga Nord am

Göttingen durch Sieg über HSV an der Spitze — Niederlage — Bremer Lokalderby klar für Werd — keinerlei Aenderungen

		Spiele	Tore	Punkte	Spiele gesamt g. u. v.			Spiele zu Hause g. u. v.			Spiele ausw. g. u. v.		
1.	(3.) Göttingen 05	9	30:17	13:5	6	1	2	4	1	-	2	-	2
2.	(1.) Hamburger SV.	8	30:12	12:4	5	2	1	3	1	-	2	1	1
3.	(2.) St. Pauli	8	23:10	12:4	4	4	-	2	1	-	2	3	-
4.	(5.) VfL. Osnabrück	8	20:11	11:5	4	3	1	3	2	-	1	1	1
5.	(7.) Werder Bremen	9	22:14	11:7	4	3	2	1	2	1	3	1	1
6.	(4.) TSV. Eimsbüttel	7	16:9	10:4	4	2	1	3	-	-	1	2	1
7.	(10.) Bremerhaven 93	8	17:16	10:6	4	2	2	2	1	1	2	1	1
8.	(6.) Bremer SV.	8	16:9	9:7	4	1	3	2	-	2	2	1	1
9.	(11.) Holstein Kiel	7	11:12	8:6	4	-	3	4	-	-	-	-	3
10.	(8.) Arm. Hannover	8	15:10	8:8	4	-	4	3	-	2	1	-	2
11.	(9.) Eintr. Braunschw.	8	20:16	8:8	3	2	3	2	-	2	1	2	1
12.	(12.) VfB. Oldenburg	8	13:15	7:9	3	2	3	2	1	2	1	1	1
13.	(14.) Hannover 96	7	12:16	4:10	1	2	4	1	-	2	-	2	2
14.	(13.) Conc. Hamburg	8	10:25	4:12	1	2	5	1	2	1	-	-	4
15.	(15.) Altona 93	8	12:31	4:12	1	2	5	1	1	2	-	1	3
16.	(16.) Eintr. Osnabrück	7	8:16	3:11	-	3	4	-	2	1	-	1	3

Presse und Rundfunk nahmen regen Anteil am ersten Erfolg der 05er über den HSV. Der legendäre Herbert Zimmermann hatte die Live-Reportage im Radio übernommen. Der „Fußball" machte die Kunde von der Überraschung durch Göttingen 05 groß auf (hier im Bild) und im „Sport-Magazin" stand zu lesen: „Ganz Göttingen jubelt. 18.000 Zuschauer lagen sich buchstäblich in den Armen."

Die Helden des 05-Erfolges werden nach dem 2:0-Sieg über den Hamburger SV auf Schultern getragen. Günther Schlegel hatte 05 in der 15. Minute durch einen Handelfmeter in Führung gebracht, Eberhard Piwon in der 80. Minute die Entscheidung herbeigeführt. Im Bild (von links) Forner, Werner und Vogel, der als sicherer Tormann ein Garant des Sieges war.

Nach der Übernahme der Tabellenführung kamen kurzzeitig sogar Hoffnungen hinsichtlich der Teilnahme an der Endrunde der Deutschen Meisterschaft 1951 auf. Regelmäßig war der Maschpark voll (im Schnitt kamen in dieser Saison 9.000 Besucher) und im „Deutschen Garten" verfolgten viele Fans, die nicht selbst zu den bis zu 2.000 Schlachtenbummlern gehörten, die Auswärts-Spiele per Fernkabel.

Als 05 am 14. April 1951 auf Auswärtsfahrt zum Bremer SV ging und (wie hier zu sehen) am Wahrzeichen der Stadt posierte, hatte sich die Euphorie um das Team wieder etwas gelegt. Die Tabellenspitze war ein wenig davongerückt und eine just mit dem 2:4 in Bremen ihren Anfang nehmende Niederlagenserie ließ 05 schließlich die Saison 1950/51 mit einem allerdings achtbaren neunten Platz beenden.

Beim Freundschaftsspiel gegen den FC Schalke 04 am 24. Juni 1951 konnte 05 mit einem 6:2-Erfolg seinen guten Ruf im deutschen Fußball untermauern. Hier ist der Ex-Schalker Wilhelm Koschinski - jetzt im Trikot der 05er spielend - am Ball. In der folgenden Saison 1951/52 übernahm die spätere Göttinger Trainerlegende Fritz Rebell (ein Schüler des ehemaligen Reichstrainers Otto Nerz, vom Typ vergleichbar mit Sepp Herberger) die Übungsleitung. Unter ihm sollte der Name „05" noch klangvoller werden.

Das „Rebellen-Team" von 1951/52 (hinten, von links): Trainer Rebell, Bachert, Müller, Dr. Fuchs, Schlegel, Sachs, Schaff, Wenzlawek und Koschinski. Vorne: Kling, Skudlarek und Werner. Diese Mannschaft errang am Ende der Saison den sechsten Tabellenplatz und gewann abermals zu Hause gegen den HSV. 20.000 Zuschauer sahen am 9. September 1951 ein 2:1 im Maschpark durch zwei Tore von Günther Schlegel.

Die Saison 1952/53 wurde für 05 die erfolgreichste in den Oberligajahren. Die Rebell-Elf belegte am Ende Platz fünf und Günther Schlegel wurde mit 26 Treffern gar Torschützenkönig der Oberliga Nord (woraufhin er zum HSV wechselte). Die schwarz-gelbe Elf von der Leine war dem „kicker" in diesem Jahr sogar ein Titelbild wert. Stürmer Graf (links im Einsatz, neben ihm Sell und Schaff, während er das erste Göttinger Tor beim 3:1-Erfolg am 23. November 1952 bei Eintracht Osnabrück erzielte), wurde dabei besonders hervorgehoben.

Rapid Wien Göttingen 05

Sonntag 28 Juni

18 Uhr Stadion Maschpark

DER „FLIEGENDE MENSCH"... Zu den überragenden Spielern der Wiener Rapid-Elf zählt der 25 Jahre alte Tormann Walter Zeman, den letzthin die französische Presse zum „besten Goalkeeper Europas" stempelte. Er riskiert stets sehr viel, aber dank seiner Klasse gelingt ihm auch ebensoviel.

Im Rahmen der 1.000-Jahr-Feier der Stadt Göttingen fand am 28. Juni 1953 ein Freundschaftsspiel gegen Rapid Wien statt, das damals als eines der besten Teams Europas galt und bekannte Spieler wie Zeman, Hanappi und Merkel in seinen Reihen hatte. 15.000 Zuschauer sahen im Maschpark eine „kleine Heldentat der tapferen Göttinger", wie das „Göttinger Tageblatt" die 5:7-Niederlage beschrieb. Auf dem Titel des Stadionheftes ist Österreichs Torhüter-Legende Walter Zeman abgebildet.

In der ersten Hälfte der 1950er-Jahre wurden zahlreiche Spiele in der Oberliga sowie freundschaftliche Vergleiche mit Top-Mannschaften von großen Zuschauermassen besucht. Zu diesen Anlässen fanden auch häufig Verlosungen statt, bei denen Fahrräder, Radios und andere „Luxuswaren" jener Tage unters Volk gebracht wurden – freilich nicht ohne dass sich Funktionäre, Politiker und Vertreter aus der Wirtschaft dabei ins rechte Licht rückten.

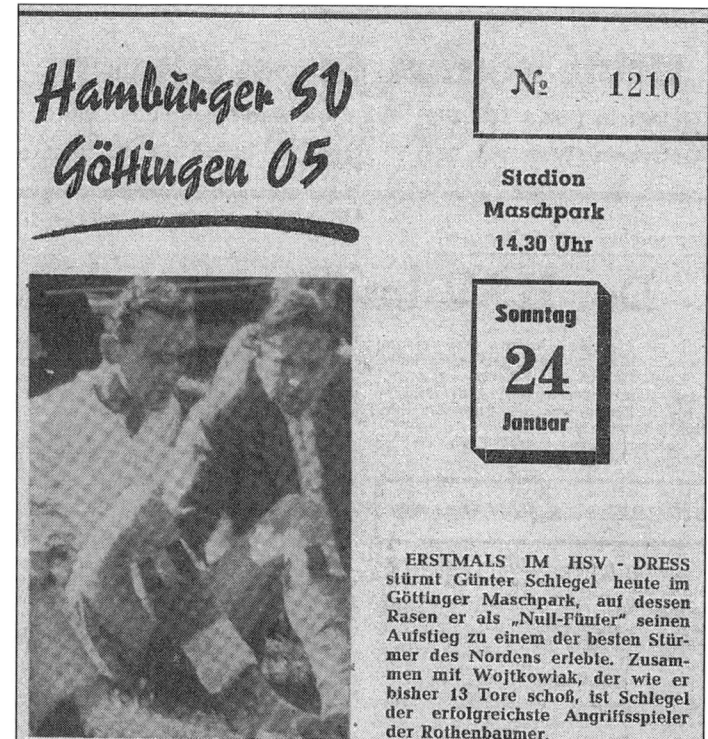

Hamburger SV
Göttingen 05

N̲o̲   1210

Stadion
Maschpark
14.30 Uhr

Sonntag
24
Januar

Zwar konnte 05 am 24. Januar 1954 noch einmal mit 3:1 gegen den HSV siegen (wobei Mehnert, Kling und Barth die Treffer erzielten), doch infolge der Abgänge einiger Leistungsträger musste sich 05 am Ende der Saison mit einem enttäuschenden zehnten Platz begnügen. Günther Schlegel (auf der Titelseite des Stadionheftes abgebildet) trat erstmals für die Hamburger im Maschpark an.

ERSTMALS IM HSV - DRESS stürmt Günter Schlegel heute im Göttinger Maschpark, auf dessen Rasen er als „Null-Fünfer" seinen Aufstieg zu einem der besten Stürmer des Nordens erlebte. Zusammen mit Wojtkowiak, der wie er bisher 13 Tore schoß, ist Schlegel der erfolgreichste Angriffsspieler der Rothenbaumer.

Gegen Hannover 96 gab es am 21. März 1954 ein 3:3-Unentschieden vor nochmals 18.000 Besuchern im Maschpark. Es sollte für die restliche Zeit des altehrwürdigen Sportareals die größte Kulisse bleiben. Zwei Tore von Wasch und eines von Kling reichten jedoch nicht aus, um die 96er zu schlagen, und bei den noch verbleibenden drei Saisonspielen wurde überhaupt kein Punkt mehr geholt.

Statt in den immer noch recht provisorisch anmutenden Maschpark zu investieren (wo am 5. Juni 1955 das Spiel zum 50-jährigen Vereinsjubiläum gegen den letztjährigen süddeutschen Meister VfB Stuttgart vor ca. 10.000 Zuschauern mit 3:2 gewonnen wurde), erhielt das städtische Jahnstadion Platz für 30.000 Besucher. Eine Woche nach dem Jubiläumsspiel durfte 05 aus Anlass der Fertigstellung dort gegen den FC Metz antreten, dem man vor rund 8.000 Augenzeugen mit 0:2 unterlag.

Einen Zuschauerzuspruch wie in den ersten Jahren der Oberliga hatte 05 in den Spielzeiten von 1954 bis 1958 nicht mehr zu verbuchen – vorbei waren die goldenen Jahre. Das Geld reichte nicht, um stärkere Spieler zu verpflichten. Fritz Rebell, der bundesweit für Göttingens Erfolg stand, zog es 1955 nach dem 13. Platz am Saisonende zum BC Augsburg und in den folgenden zwei Jahren ging es unter Joachim Kipar über Platz acht und zehn nicht mehr hinaus, bevor der letzte Platz in der Oberliga-Saison 1957/58 den Abstieg besiegelte.

3

Die Zeit von 1958 bis 1974
Angriff auf die Bundesliga

Es dauerte rund sechs Jahre, ehe sich der 1. SC 05 von dem Rückschlag des Abstiegs aus der Oberliga Nord erholen konnte. Ständige Trainerwechsel, eine undurchsichtige Personalpolitik, zurückgehende Zuschauerzahlen sowie ein aufstrebender Lokalrivale SVG, der 1959/60 sogar erstmals seit 1943 wieder vor den 05ern stand, ließen die Zukunft lange Zeit düster erscheinen.

Die Wende trat ein, als Fritz Rebell 1963 in den Maschpark zurückkehrte. Unter der Führung des alten Haudegens wurde eine junge und hoffnungsvolle Mannschaft zusammengestellt, in der kommende Göttinger Fußball-Legenden wie Helmut Hinberg, Dietmar „Ziege" Mürdter, Kurt „Kurtchen" Krauß, Reinhard Roder und Horst Medoch standen. 1964 erreichten die im Zuge der Einführung der Bundesliga und der damit verbundenen Ligareform sogar in die Drittklassigkeit zurückgerutschten Schwarz-Gelben die Aufstiegsrunde zur Regionalliga Nord und konnten sich am Ende in einem wochenlangen Nerventhriller gegen den VfL Pinneberg durchsetzen. Jörg Dreykluft war auf neutralem Platz in Bremen-Blumenthal der Held des Tages, als er am 14. Juni 1964 das Entscheidungsspiel gegen Pinneberg mit dem Tor des Tages zu Gunsten von 05 entschied. Rund 1.000 nach Blumenthal mitgereiste Fans bewiesen, dass Göttingen noch immer eine Fußballstadt war. Nun stand die Bildungshochburg und Händel-Stadt auch fußballerisch wieder im Blickfeld der Öffentlichkeit.

In der Regionalliga Nord sicherten sich die Rebell-Schützlinge auf Anhieb einen Platz in der Spitzengruppe. War Platz 5 als Neuling in der Spielzeit 1964/65 schon eine positive Überraschung, so setzte die Elf um Leistungsträger „Charly" Sachse 1965/66 noch eins drauf. Nach einem packenden Kopf-an-Kopf-Rennen mit dem FC St. Pauli wurde sie Vizemeister und sicherte sich damit zwei Qualifikationsspiele um die Teilnahme an der Aufstiegsrunde zur Fußball-Bundesliga. Gegner war Ex-Bundesligist 1. FC Saarbrücken, der sich allerdings als zu stark erwies. Einem 0:4-Debakel in Saarbrücken folgte ein ebenso enttäuschendes 0:3 im Jahnstadion, wohin 05 auf Grund des zu erwartenden Zuschaueraufkommens ausgewichen war.

Ohnehin war der Maschpark, seit 1907 Heimat der Schwarz-Gelben, mittlerweile zum Problem geworden. Baulich befand sich das Gelände in einem katastrophalen Zustand und entsprach keinerlei Qualifikationskriterien mehr. Darüber hinaus fehlte es sowohl an Sitzplätzen – knapp 500 Plätze standen auf harten Holzbänken zur Verfügung – sowie an einer überdachten Tribüne. Doch eine Investition in das marode Areal schien nicht angeraten – schon seit den 1950er-Jahren stand eine Verbreiterung der Godehardstraße im Raum, die das Traditionsstadion über kurz oder lang die Existenz kosten würde. Der Maschpark sollte zum Bremsklotz in der sportlich ausgezeichneten Entwicklung des 1. SC 05 werden, und die lange Zeit ungeklärte Stadion-Frage stellte den ersten Schritt auf dem Weg zum schlussendlichen Niedergang der Schwarz-Gelben dar.

Sportlich war die Elf indes kaum aufzuhalten. 1966/67 gelang abermals die Vizemeisterschaft, man verbuchte einen Zuschauerschnitt von 5.125 Zahlenden und feierte mit dem durch die Bundesliga-Ersatzbänkler Fred Hoff und Heiner Klose sowie den Blumenthaler Peter Klepatz verstärkten Team unter anderem einen bundesweit bestaunten 3:1-Sieg über den FC St. Pauli. Das Sportblatt „Neue Woche" schwärmte anschließend nicht nur von den elf Spielern auf dem Platz, sondern zudem von den „nahezu 10.000 Zuschauern, die wie ein Mann hinter ihrer Mannschaft standen und sie förmlich zum Sieg trieben." Der Traum von der Bundesliga platzte allerdings erneut. In der Relegationsrunde gab es gegen Tennis Borussia Berlin und den 1. FC Saarbrücken jeweils ein 1:1-Unentschieden, und nach einem 0:2 am Bieberer Berg zu Offenbach war der Aufstiegszug bereits vorzeitig abgefahren.

1968 schlug schließlich die letzte Stunde der langjährigen 05-Spielstätte. Am 12. Mai 1968 gelang den Schwarz-Gelben mit einem triumphalen 7:0 über Sperber Hamburg ein laut „GT" „großartiger Abschied vom traditionsreichen Maschpark", wobei der Sieg zugleich die neuerliche Vizemeisterschaft bedeutete. Vorausgegangen war eine Nervenschlacht in Wolfsburg, wo die „Göttinger Rebellen" („Bild-Zeitung") ihren ärgsten Kontrahenten VfL Wolfsburg mit einem 2:1-Sieg aus dem Rennen geworfen hatten. Die vermutlich beste 05-Elf aller Zeiten wurde zwar „nur" Vizemeister der Regionalliga Nord, bot aber in der anschließenden Aufstiegsrunde zur Bundesliga epochale Begegnungen.

Zum Auftakt kam der südwestdeutsche Dorfklub SV Alsenborn mit dessen Betreuer Fritz Walter ins Jahnstadion, wo 18.000 Fans aus dem Jubeln gar nicht mehr herauskamen. Am Ende stand es 3:0 und Außenseiter 05 hatte sich zum Mitfavoriten gemausert. Doch Glücksgöttin Fortuna übersah die Mannschaft aus der Fußballprovinz. Bei Hertha BSC Berlin setzte es eine höchst unglückliche 0:1-Niederlage – drei Minuten vor Ende traf Krafczyk zum Tor des Tages – und eine Woche später kam (nach einem zwischenzeitlich errungenen 3:1 über FC Bayern Hof) in Essen das vorzeitige Aus: Erst wurde Mittelstürmer Englert nach einem Gerangel vom Platz gestellt, dann scheiterten die Schwarz-Gelben mit ihren geradezu perfekt vorgetragenen Kontern immer wieder unglücklich an der Essener Abwehr und schließlich versenkte Willi „Ente" Lippens Sekunden vor Schluss das Leder zum unverdienten Siegtreffer der Westdeutschen im Göttinger Netz. Die bundesweiten Lobeshymnen nutzten Kurtchen Krauß und Co. nichts mehr – der Rückstand auf das Führungsduo Essen und Hertha war zu groß, der Aufstiegszug abermals ohne 05 abgedampft.

Danach wurde es turbulent. Trainer Rebell hatte seine Autorität verloren und kam mit seiner „Kommiss-Art" im Zeitalter der wachsenden Haare und aufrührerischen Gedanken bei der Mannschaft nicht mehr an. Auch finanziell gab es Probleme, weil sich der versprochene Neubau des Maschparks an anderer Stelle verzögerte und 05 im Jahnstadion nicht heimisch wurde. Bald beschäftigte man sich mehr mit dem Maschparkbau als mit Träumen von der Bundesliga. Zwar trugen schillernde Akteure wie Tommy Rohrbach und Hanjo Weller das schwarz-gelbe Jersey, der Glanz und die Aura der Erfolgsjahre aber waren Vergangenheit.

Erst Anfang der 1970er-Jahre stand wieder eine hoffnungsvolle Elf bereit, die von „Kaschi" Mühlhausen zurück in die Regionalligaspitze geführt wurde. Doch das finanzielle Damoklesschwert machte alles zunichte. 1972/73 drohte gar der Konkurs – Grund war die völlige Verschuldung durch den selbst finanzierten Bau des neuen Maschpark-Stadions und des Klubhauses. Nach wochenlangem kommunalpolitischem Theater übernahm die Stadt Göttingen schließlich den Maschpark und verhinderte das Aus. Unter diesen Umständen standen freilich auch die sportlichen Zeichen schlecht. In der Saison 1973/74 belegten die 05er nur den zwölften Tabellenplatz in der Regionalliga – und das ausgerechnet zu einem Zeitpunkt, als mit der Einführung der Zweiten Bundesliga, die 1974/75 ihren Spielbetrieb aufnehmen sollte, eine ganz neue Herausforderung lockte.

1958/59 errang 05 die Vize-Meisterschaft der Amateur-Oberliga Ost, musste in der Qualifikation zur Oberliga-Aufstiegsrunde aber eine Niederlage gegen Eintracht Osnabrück hinnehmen. So kämpfte man mit Lokalkontrahent SVG weiter in einer Liga, wie hier beim Derby am Sandweg vor 7.000 Besuchern, das am 13. Februar 1961 mit 4:0 für 05 endete. SVG-Torhüter Borchardt (umringt von seinen Mitspielern) brach sich in diesem Spiel das Bein.

Unter Jugendtrainer Sukop gelang Mitte 1963 gegen Rot-Weiß Scheeßel der erstmalige Gewinn des Niedersachsen-Pokals. Das Team war nach dem Abstieg aus der Oberliga fünf Jahre zuvor komplett erneuert worden. Oben von links: Trainer Sukop, Scharsig, Sachse, Buchholz, Dobrik, Matz, Engelhardt, Herrmann und Betreuer „Keks" Müller. Unten: Fröchtenicht, Kantelhardt, Dube, Werner, Mesecke, „Ersatzspieler".

41

Am 28. September 1963 spielte 05 im Niedersachsen-Pokal bei Arminia Hannover 2:2 n.V. In der Bildmitte (oben) Reinhard Roder, der 1963 aus Goslar an die Leine kam. Das Rückspiel in Göttingen brachte 05 mit 1:0 eine Runde weiter. Das Bild links unten zeigt Rainer Engelhardt (rechts), der bereits 1959 aus der eigenen Jugend erwuchs, und Horst Medoch, der 1963 aus Hannover von den 96-Amateuren zu 05 stieß. Mit Dietmar „Ziege" Mürdter vom VfB Peine (Bild rechts unten) schloss sich den Schwarz-Gelben 1964 ein weiterer Leistungsträger an.

Am 1. Juli 1963 übernahm Fritz Rebell zum zweiten Mal das Traineramt bei Göttingen 05. Mit ihm kehrte auch der Erfolg zurück, der allerdings durch gleichzeitige Neuverpflichtungen und die gezielte Jugendarbeit des Vereins noch zusätzlich begünstigt wurde. Mit u.a. Matz, Hinberg, Engelhardt, Sachse, Dreykluft und Dube waren inzwischen Nachwuchstalente aufgebaut worden. Unter Rebell wurde 05 sogleich gemeinsam mit den punktgleichen Amateuren von Hannover 96 Erster der nach der Einführung der Bundesliga inzwischen drittklassigen Amateur-Oberliga Ost. Als das Entscheidungsspiel 0:0 endete, wurde 96 zum Meister gelost. Dennoch war 05 für die Aufstiegsrunde zur neuen Regionalliga Nord qualifiziert und lag dort nach spannenden Gruppenspielen im Endspurt gleichauf mit dem VfL Pinneberg. Im Entscheidungsspiel der beiden Mannschaften in Blumenthal erzielte Jörg Dreykluft das „goldene Tor" zum 1:0-Sieg, den über 1.000 enthusiastische 05-Fans miterlebten. Zur neuen Saison 1964/65 ergänzte der einstige SVG-Akteur und zuletzt für Fulda spielende Kurt Krauß die Mannschaft. Gemeinsam mit Torwart Speidel sowie Mürdter verstärkte der ehemalige Jugendnationalspieler das gerade aufgestiegene Team und bildete als Spielmacher mit Roder, Mürdter, Medoch und Rainer Engelhardt die Erfolgsachse. Im Bild die Mannschaft vor der ersten Regionalliga-Saison. Von links: Engelhardt, Hinberg, Dreykluft, Sachse, Speidel, Grube, Mürdter, Schmerl, Heese, Roder und Krauß.

Elfmetertor von Krauß reichte zum Sieg

Elan und Kampfkraft sicherten verdienten Erfolg — St. Pauli nicht wie eine Meisterelf — Hamburge Angriff ohne Dynamik — Rainer Engelhardt schaltete Acolatse aus — 05 jetzt bereits auf Platz 6

Das war mit großer Kulisse ein prächtiges Fußballfest im Maschpark. Mit mehr als 8000 gespannter Zuschauer eine Stimmung wie in früheren Glanzzeiten. Dazu für die Jahreszeit ideales Wetter, zeitweise schien sogar die Sonne. Der über Nacht leicht angefrorene Boden war zwar weich, aber von schwierigen Verhältnissen konnte keine Rede sein, so wie Hamburgs gramzerfurchter Trainer Otto Coors es hinterher bezeichnete. Aber er gab zu, daß eine Elfmeterniederlage zwar sehr bitter sei, seine Mannschaft jedoch keine Durchschlagskraft gehabt habe, stellte zugleich den Göttinger Spielern ein Lob aus: „Als Neuling erstaunlich gut und mit großer Kampfkraft." Mit der größeren Anzahl von Torchancen und der wuchtigeren Spielweise hatte 05 auch den Sieg verdient, wenn er mit dem von Krauß wieder verblüffend sicher verwandelten Elfmeter auch als glücklich erscheint. Von Anfang an hatte 05 dem Gegner den Schneid genommen. St. Pauli war zwanzig Minuten lang fast nur in der Defensive und wirkte dann keineswegs wie eine Meisterelf. Da fehlte jegliche Dynamik. Die Hamburger werden für ihr harmloses Ballzugeschiebe im Mittelfeld einen besseren Stil entwickeln müssen, wenn sie den wichtigen zweiten Platz überhaupt erreichen wollen. Die wieder prächtig kämpfende Göttinger Elf aber steht nun schon auf dem sechsten Rang. Das war in der Tat das schönste Weihnachtsgeschenk, das die Mannschaft dem Verein machen konnte!

Am 20. Dezember 1964 kam es in der ohnehin attraktiven Regionalliga (die Zuschauerzahlen hatten sich im Vergleich zur Amateurliga Ost in etwa verdoppelt) zu einem besonderen Highlight. Gegen den FC St. Pauli fanden über 8.000 Fußballbegeisterte den Weg in den inzwischen etwas maroden Maschpark, der nach neuen verkehrsplanerischen Vorhaben der Stadt an anderer Stelle wieder aufgebaut werden sollte. Nach anfänglichen Niederlagen war der Aufsteiger aus der Universitätsstadt immer besser in Fahrt gekommen und hatte sich vor dem Duell mit St. Pauli im oberen Mittelfeld etabliert. Der überraschende 1:0-Sieg gegen die Mannschaft vom Millerntor beförderte den Außenseiter 05 auf Platz sechs der Tabelle. Der Erfolg stellte ein erstes Leuchtfeuer für die zweite große Ära von Göttingen 05 unter Trainer Rebell dar. Die Collage des Zeitungsberichtes des „Göttinger Tageblattes" zeigt unten rechts den entscheidenden Treffer durch Krauß. Oben rechts sind Oberstadtdirektor Biederbeck, Senator Michel und dazwischen Bibrach und Willi Andre vom 05-Vorstand zu sehen.

Hinberg bereitet im vorletzten Saisonspiel beim 4:1 gegen Arminia Hannover am 25. April 1965 vor 5.000 Zuschauern das 2:0 durch Mürdter vor, der – hier verdeckt – den Ball ins Tor verlängert. Am Ende der Saison 1964/65 wurde 05 als Aufsteiger überraschend Fünfter.

Am 23. Mai 1965 empfing der 1. SC 05 vor 10.000 Schaulustigen den frisch gebackenen Deutschen Meister Werder Bremen zu einem freundschaftlichen Vergleich im Maschpark. Das 2:2, bei dem sich (wie so häufig in der abgelaufenen Saison) Mürdter und Medoch als Torschützen auszeichneten, galt als großer Erfolg. Im Vordergrund sieht man Lorenz (Zweiter von links), Höttges (Dritter von links) und Piontek (Vierter von links), die in der zweiten Halbzeit auf der Bremer Bank Platz nahmen.

Eine weitere Verstärkung vermeldete 05 vor der Saison 1965/66: Heinz-Dietmar „Dickus" Degenhardt (links im Bild) kam vom Lokalrivalen SVG, der seit einem Jahr in der viertklassigen Verbandsliga Süd spielte. Nach dem Aufstieg von 05 hatten sich die Wege der besten Göttinger Fußballklubs wieder getrennt. Außer Degenhardt konnte mit Günther Pape von Eintracht Lüneburg ein weiterer viel versprechender Akteur verpflichtet werden.

Ganz Norddeutschland staunt - - -

Göttingens siebenter Sieg hintereinander mit 2:1 über FC St. Pauli!

Vor 10 000 Zuschauern auf Platz 2 vorgerückt

Nachdem die von großen Hoffnungen begleitete Saison 1965/66 zunächst mit einer Niederlagenserie begonnen und 05 nach vier Spieltagen mit 0:8 Punkten ganz unten gestanden hatte, besannen sich die Mannen um Kapitän Matz und legten eine Siegesserie von sechs Spielen hin, bevor am 31. Oktober auch der FC St. Pauli mit 2:1 bezwungen werden konnte. Der beste Besuch seit beinahe acht Jahren wurde durch das entscheidende Tor von Mürdter, der in diesem Zeitungsbild von seinen Teamkameraden umjubelt wird, gekrönt. 05 war Tabellenzweiter und die Bundesliga keine Fata Morgana mehr.

Das war der Göttinger Paukenschlag:

05-Elan bezwang Bundesliga-Starelf

Trotz Schlechtwetterumsturz ein großes Fußballfest im Jahnstadion — 2:1-Sieg über München 60 durch
großartigen Einsatz verdient — 14 000 Zuschauer feierten begeistert den Göttinger Sieg

Der 23. Januar 1966 brachte einen weiteren Beleg für die Klasse der damaligen 05-Truppe,
die im Freundschaftsspiel den Tabellenführer der Bundesliga und anschließenden Deutschen
Meister dieser Saison, 1860 München, durch Tore von Engelhardt und Mürdter mit 2:1 schlug.
15.000 Menschen hatten das Jahnstadion besucht und die Parkplätze rund um die Leichtath-
letikarena waren mehr als gefüllt.

Ein 3:0-Sieg in Wolfsburg, bei dem zwei
Tore von Mürdter (hier im Zweikampf mit
einem VfL-Akteur) für die Entscheidung
sorgten, bahnte am 20. März 1966 den
Weg in die Qualifikation zur Bundesliga-
Aufstiegsrunde. Auch in den letzten beiden Partien, einem 4:1 bei St. Pauli und
einem 2:0 gegen Victoria Hamburg, erzielte „Ziege" Mürdter jeweils die Hälfte der
Tore und konnte somit als der „Held" der
1966er-Vizemeisterschaft gelten, die dank
des gegenüber Holstein Kiel besseren Tor-
verhältnisses errungen wurde.

Nach dem 4:1-Triumph am Millerntor am 8. Mai 1966, dem Geburtstag des Trainers Rebell, wurde das 05-Team von der Fachpresse mit Lob überschüttet und als bundesligatauglich eingestuft. Ein Punkt und ein paar Törchen hatten letzten Endes allerdings gefehlt, um an Stelle der St. Paulianer als Meister direkt an der Aufstiegsrunde zur höchsten deutschen Spielklasse teilnehmen zu können. Dennoch zog diese Mannschaft nun aus, um erstmals an das Tor zur Bundesliga zu klopfen. Das Team des Vizemeisters der Regionalliga Nord in der Spielzeit 1965/66 (oben von links): Dietmar „Ziege" Mürdter, Dieter Schmerl, Klaus Matz, Horst Medoch, Günther Pape, Wolfgang Heese, Reinhard Roder und Trainer Fritz Rebell. Unten: Heinz-Dietmar „Dickus" Degenhardt, Karl „Charly" Sachse, Albert Speidel, Rolf „Rolli" Dube, Rainer Engelhardt und Helmut Hinberg. Es fehlt Kurt Krauß, der allerdings auch in der Aufstiegsrunden-Relegation nicht mit von der Partie war.

In der Qualifikation zur Bundesliga-Aufstiegsrunde war der 1.FC Saarbrücken der Gegner. Am 21. Mai 1966 holten sich die Schwarz-Gelben bei den Saarländern allerdings gleich eine 0:4-Niederlage ab, und auch das Rückspiel vor 10.000 Zuschauern im Jahnstadion ging durch drei Tore von Vogt mit 3:0 deutlich verloren. Scheinbar waren die 05-Akteure dem Druck nicht gewachsen, denn der hochgelobte Vizemeister des Nordens verkaufte sich vollkommen unter Wert.

Im Bild der zweite Treffer für Saarbrücken durch Poklitar bei der Göttinger 0:4-Hinspielniederlage vor über 20.000 Zuschauern im Ludwigspark. Roder, Heese und 05-Torwart Speidel können ihn nicht verhindern. Poklitar erzielte in dieser Partie, in der 05 auf Stürmer Medoch verzichten musste, allein drei Treffer für den Gastgeber.

49

Göttingen kann eine Million sparen

Aktuelles Problem für Stadt und Verwaltung — Der Sport als kommunaler Wirtschaftsfaktor — Erstmals ein südhannoverscher Verein vor dem Tor zur Bundesliga — Kein richtiger Rahmen für die große Sportschau — Tradition spricht für den Maschpark

Im Frühjahr/Sommer 1966 begann die Stadiondebatte. Die Stadt hätte „eine Million sparen" können, wenn sie ihren Plan, 05 nach dem Ausbau der Godehardstraße (siehe Skizze) einen neuen Platz am alten Standort zu schaffen, verwirklicht hätte. Die Collage eines Artikels aus dem „Göttinger Tageblatt" vom 16. April 1964 zeigt oben den baufälligen „Alten Maschpark" und unten rechts Besucher im Jahnstadion, dessen Modernisierung ebenfalls zur Debatte stand.

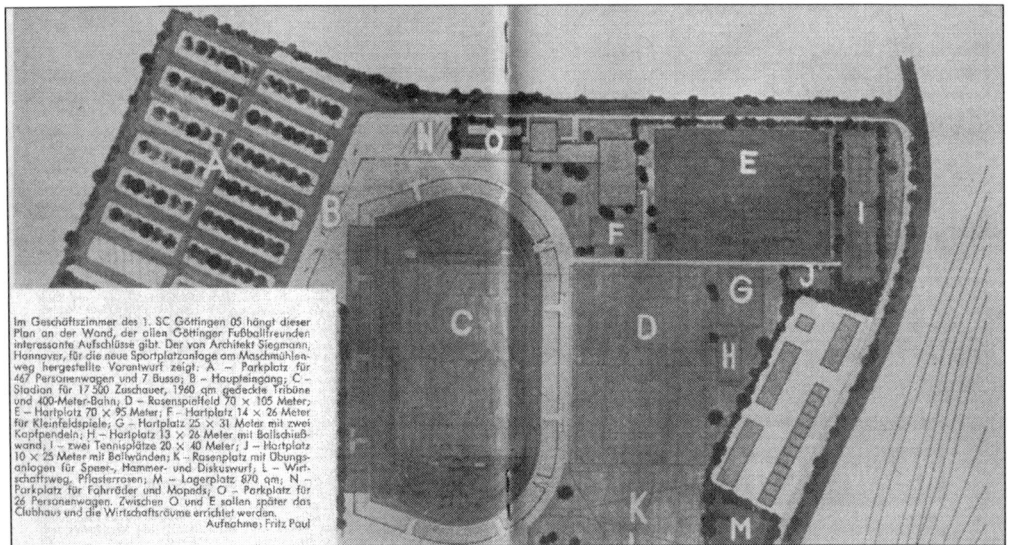

Im Geschäftszimmer des 1. SC Göttingen 05 hängt dieser Plan an der Wand, der allen Göttinger Fußballfreunden interessante Aufschlüsse gibt. Der von Architekt Siegmann, Hannover, für die neue Sportplatzanlage am Maschmühlenweg hergestellte Vorentwurf zeigt: A — Parkplatz für 467 Personenwagen und 7 Busse; B — Haupteingang; C — Stadion für 17.500 Zuschauer, 1960 qm gedeckte Tribüne und 400-Meter-Bahn; D — Rasenspielfeld 70 × 105 Meter; E — Hartplatz 70 × 95 Meter; F — Hartplatz 14 × 26 Meter für Kleinfeldspiele; G — Hartplatz 25 × 31 Meter mit zwei Kopfpendeln; H — Hartplatz 13 × 26 Meter mit Ballschießwand; I — zwei Tennisplätze 20 × 40 Meter; J — Hartplatz 10 × 25 Meter mit Ballwänden; K — Rasenplatz mit Übungsanlagen für Speer-, Hammer- und Diskuswurf; L — Wirtschaftsweg, Pflasterrasen; M — Lagerplatz 870 qm; N — Parkplatz für Fahrräder und Mopeds; O — Parkplatz für 26 Personenwagen. Zwischen O und E sollen später das Clubhaus und die Wirtschaftsräume errichtet werden.
Aufnahme: Fritz Paul

Dieser Plan für den „Neuen Maschpark" (A=Parkplatz, C=Stadion für 17.500 Zuschauer, D=B-Platz, E=Hartplatz) wurde Ende 1966 in der Vereinszeitung von Göttingen 05 publiziert. Bereits 1967 wurde mit dem Bau des B-Platzes im „Neuen Maschpark" begonnen, nachdem die Stadt das Gelände des „Alten Maschparks" anderweitig verplant hatte.

„05 ist Herbstmeister" heißt die Parole im Fanblock beim 2:1 gegen Arminia Hannover (den späteren Meister) am 18. Dezember 1966 vor 8.000 Zuschauern im Maschpark. Ein Eigentor von Arminias Stauvermann ließ die Vorahnung der Fans zur Tatsache werden. Zwar konnte der Spitzenplatz nicht ganz gehalten werden, jedoch reichte die erneute Vizemeisterschaft (am letzten Spieltag verteidigte 05 ein 0:0 bei Holstein Kiel, das dadurch erneut punktgleich auf Platz drei verwiesen wurde) diesmal zur direkten Qualifikation für die Bundesliga-Aufstiegsrunde.

Das Vizemeister-Team der Regionalliga Nord 1966/67 (von links): Matz, Dube, Pape, Mürdter, Roder, Klose, Krauß, Klepatz, Sachse, Hoff und Degenhardt. Mittelfeldspieler Peter Klepatz (Amateurnationalspieler aus Blumenthal) und die Stürmer Heiner Klose und Fred Hoff (von Hannover 96) hatten die Mannschaft zu Beginn der Saison verstärkt.

Das erste Aufstiegsrundenspiel zur Bundesliga hatte 05 am 20. Mai 1967 bei Tennis Borussia Berlin ein 1:1 gebracht. Im ersten Heimspiel vier Tage darauf gegen den 1. FC Saarbrücken reichte es nach einem Eigentor von Degenhardt am Ende durch einen Treffer von Krauß kurz vor dem Abpfiff noch zum 1:1 und somit zweiten Punktgewinn. 15.000 Zuschauer drängten sich im Jahnstadion und sahen – wie in dieser Szene von Hinberg – gute Chancen für einen Sieg.

Nachdem 05 am 1. Juni 1967 mit 0:2 in Offenbach unterlegen war, bot drei Tage später das Heimspiel gegen Alemannia Aachen die letzte Chance, um den Aufstieg mitzuspielen. Hier erzielt Klose vor abermals mit 15.000 Menschen gefüllten Rängen im Jahnstadion den zwischenzeitlichen Ausgleich gegen Aachens Torhüter Prokop (im Hintergrund Roder). Am Ende unterlag Göttingen jedoch mit 1:2.

Der einzige Sieg der Aufstiegsrunde 1967 gelang den Schwarz-Gelben am 10. Juni im Jahnstadion gegen Tennis Borussia. Das einzige Tor des Spiels erzielte wiederum Klose, der hier im Bild allerdings an Berlins Torhüter Kellner scheitert. Die Aufstiegsträume waren inzwischen allerdings zerplatzt und so fanden sich lediglich noch rund 6.000 Schaulustige ein.

Fernsehkameras brachten die Spiele der Bundesliga-Aufstiegsrunde in die bundesdeutschen Wohnzimmer und präsentierten, wie hier im Bild Pape und Krauß im Spiel gegen Offenbach (2:2), die 05-Kicker einem Millionenpublikum. Nach der Aufstiegsrunde verließen Roder und Mürdter den 1. SC in Richtung Bundesliga zum 1. FC Köln. Da noch weitere Akteure die Schwarz-Gelben verließen, hatte Trainer Rebell für die kommende Saison abermals ein neues Team zu formen.

Zur Saison 1967/68 kamen Fred Englert vom Freiburger FC, Peter Woldmann vom SC Charleroi, Horst Berking vom Karlsruher SC, Harald Evers von Holstein Kiel und Hans Weiner vom SV Waldhof. Hier präsentiert sich die neue Mannschaft (oben von links): Betreuer Fricke, Klose, Krauß, Englert, Pape, Hoff, Berking, Evers, Weiner, Klepatz und Trainer Rebell. Unten: Matz, Hinberg, Dube, Wenzel und Degenhardt.

7:0 gegen Sperber Hamburg. Die Bundesliga-Aufstiegsrunde ist erreicht.

Begeisterte Maschparkbesucher tragen die Mannschaft nach dem 7:0 gegen Sperber vom Spielfeld.

Fred Englert gratuliert Heiner Klose zum Führungstor.

Günter Pape klärt mit Kopfball, Kurt Krauß sichert.

Am 12. Mai 1968, dem letzten Spieltag der Saison 1967/68, hieß es für 05 Abschied vom altehrwürdigen Maschpark zu nehmen. Der 7:0-Sieg gegen Sperber Hamburg (Bild aus dem 05-Vereinsheft) vor 7.000 begeisterten Fans sicherte den Schwarz-Gelben punktgleich mit Meister Arminia Hannover wiederum die Vizemeisterschaft der Regionalliga Nord und den abermaligen Einzug in die Aufstiegsrunde zur Bundesliga.

Mit großem Enthusiasmus begann die Aufstiegsrunde zur Bundesliga 1968. Am ersten Spieltag,
dem 18. Mai, traf 05 auf die von Fritz Walter als
technischem Berater betreute Mannschaft des SV
Alsenborn, die als Geheimtipp für den Aufstieg galt.
An die 20.000 Göttinger wollten den Weltmeister
von 1954 sehen und bejubelten im Jahnstadion den
3:0-Sieg ihres Teams. Tore von Hinberg und Woldmann hatten 05 bereits vor der Pause mit 2:0 in
Front gebracht, bevor Degenhardt per Foulelfmeter
(hier im Bild) den Schlusspunkt setzte.

Ein volles Olympiastadion in Berlin erwartete die Schwarz-Gelben am 22. Mai 1968 beim
Spiel gegen Hertha BSC. Die etwa 80.000 Zuschauer am zweiten Spieltag der Aufstiegsrunde
bildeten die größte Kulisse (hier im Zeitungsbild zu sehen) vor der je eine 05-Mannschaft zu
bestehen hatte.

Dieses Bild vom Aufstiegsrundenspiel in Berlin zeigt Pape gegen Krafczyk, der in der 85. Minute schließlich den glücklichen 1:0-Siegtreffer für die Herthaner erzielte. Der Mannschaftskapitän der Berliner, Altendorff, musste in der 23. Minute nach einem Zweikampf mit Schien- und Wadenbeinbruch ausgewechselt werden. Fortan schlug die Stimmung im Olympiastadion um und die zuvor freundlich empfangenen 05er wurden ausgebuht.

Diesen Brief aus Berlin veröffentlichte Göttingen 05 nach der Aufstiegsrunde 1968 in der Vereinszeitung. Es hatte nach dem Duell im Olympiastadion heftige Diskussionen um die Härte der 05er gegeben. Herthas Trainer Kronsbein bezeichnete sie als „beinahe kriminell" und „Bild" blies ins gleiche Horn. Doch da auch die Berliner nicht zimperlich gewesen waren, sah sich das Team um Trainer Rebell zu Unrecht attackiert.

Das ist das echte Berlin

Klaus Niklas   1 Berlin 65, den 11. Juli 1968
                                    Müllerstraße 93

Sehr geehrte Herren!

Als sich in der diesjährigen Aufstiegsrunde zur Fußballbundesliga im Berliner Olympiastadion die Regionalligamannschaften von Göttingen 05 und Hertha BSC gegenüberstanden, befanden sich unter den Zuschauern neben den aus Ihrer Stadt herbeigeeilten Schlachtenbummlern, auch etliche Berliner Fußballfreunde, die aus ihrer Sympathie für den SC Göttingen 05 keinen Hehl machten und dieser tapferen Mannschaft, die besonders durch ihre taktisch großartige Abwehrleistung imponierte, einen Sieg gegönnt hätten.

Das Spiel wurde zwar verloren, doch die Herzen vieler objektiver und nicht zuletzt sachkundiger Berliner gewonnen.

Da auch ich dazu gehöre, erlaube ich mir, die Bitte zu äußern, mich als passives Mitglied in den SC Göttingen 05 aufzunehmen.

Ich wäre Ihnen sehr dankbar, wenn Sie mir mittels des als Anlage beigefügten Freiumschlages die zur Aufnahme erforderlichen Unterlagen, die Vereinssatzungen und — soweit möglich — ein ansteckbares Vereinsabzeichen, das die Verbundenheit auch äußerlich zum Ausdruck bringen soll, alsbald übermitteln könnten.

Für die evtl. entstehenden Unkosten, die ich mir zu beziffern bitte, werde ich selbstverständlich aufkommen.

Mit vorzüglicher Hochachtung
gez. Unterschrift
(Klaus Niklas)

56

Nach einem 3:1-Sieg vor 13.000 Zuschauern gegen Bayern Hof fuhr 05 am 29. Mai 1968 als Tabellenführer zum Aufstiegskrimi nach Essen gegen die Rot-Weißen von der Hafenstraße. 33.000 Zuschauer waren in das Stadion gepilgert (darunter zahlreiche in Sonderzügen angereiste Fans aus Südniedersachsen) und sahen ein von den Schwarz-Gelben weitgehend dominiertes Spiel. In dieser Szene wehren Evers (links) und Hinberg (rechts) allerdings eine Attacke des Esseners Neisen ab.

Vorentscheidende Bedeutung für den Ausgang der Essener Partie hatte der Platzverweis von Englert – der hier im Bild den Platz verlässt, während Krauß noch versucht, den Schiedsrichter umzustimmen – kurz vor der Pause. Auch wenn die bis dahin überlegenen 05er weiter Druck entfalteten, konnten sie den Verlust auf Dauer nicht kompensieren. In der 89. Minute kamen die Ribbeck-Schützlinge durch „Ente" Lippens zum keineswegs verdienten 1:0-Siegtreffer.

Die letzte Chance für 05, durch einen Sieg gegen Hertha BSC einen großen Schritt in Richtung Bundesliga zu machen, wollten sich am 9. Juni 1968 18.300 Fans im Jahnstadion nicht entgehen lassen. Das Bild zeigt einen Zweikampf zwischen Matz und dem Herthaner Adelmann. Pape sieht der Aktion ohne Möglichkeit zum eigenen Einschreiten zu. Da 05 besonders in der ersten Hälfte viele Chancen vergab, konnten die Berliner am Ende über ein 0:0 jubeln.

Nach der 2:3-Niederlage in Ludwigshafen am 12. Juni 1968 gegen Alsenborn waren die Aufstiegsträume endgültig zerplatzt. Immerhin nahm das 05-Team die Gelegenheit zu einem Besuch beim ehemaligen Bundestrainer Herberger wahr. Hinten von links: Betreuer „Keks" Müller, Speidel, Pape, Degenhardt, Woldmann und Klose. Mitte: Trainer Rebell, Evers, Bremer, Berking, Dube, Klepatz, Krauß, Matz und Hoff. Vorn Hinberg und Herberger.

Das letzte Heimspiel gegen Rot-Weiß Essen am 19. Juni 1968 hätte das große Finale um den Bundesliga-Aufstieg sein können. Den 1:0-Sieg der Schwarz-Gelben sahen allerdings nur noch 7.000 Zuschauer. Die Niederlage kostete Essen letztlich den Aufstieg und bahnte Hertha BSC Berlin den Weg in die Bundesliga. Hier im Bild Essens Steinig gegen Hinberg und Klepatz, im Hintergrund Pape.

Vor der Saison 1968/69 konnte 05 zwei hoffnungsvolle Talente als Neuzugänge vermelden: Weller kam von Holstein Kiel und Rohrbach von Borussia Fulda. Wieder war das Erreichen der Bundesliga die Zielvorgabe für die nun im Jahnstadion spielenden Kicker. Mit Platz vier wurde die Bundesliga-Aufstiegsrunde am Ende aber um zwei Punkte verfehlt. Im Bild von links: Rohrbach, Hoff, Degenhardt, Evers, Klose, Pape, Weller, Klepatz, Hinberg, Dube und Krauß.

Von den Ballkünsten des Außenstürmers Thomas „Tommy" Rohrbach konnte sich das Göttinger Publikum schon bald überzeugen – wie hier im Bild beim Freundschaftsspiel am 3. August 1968 gegen Vejle Boldklub, das die 05er mit 5:0 gewannen, oder auch beim 1:1 gegen Bayern München am 29. September, als Rohrbach den Bayern-Kapitän Beckenbauer wiederholt versetzte.

Am Ende der 1960er-Jahre nahm die Begeisterung um 05 nie gekannte Ausmaße an. Es bildeten sich sogar Fanblocks, wie hier beim Auswärtsspiel am Millerntor. Die Anzahl der enthusiastischen Anhänger hatte beständig zugenommen. Nur im ungeliebten Jahnstadion fanden sich ab 1968/69 immer weniger Besucher ein.

Nach langen Diskussionen wurde im Sommer 1968 endlich der Grundstein für das Klubhaus im neuen Maschpark-Stadion gelegt. Auch politische Prominenz fand sich zu diesem Akt ein. Ganz vorne erkennt man den Altbürgermeister Walter Leßner, neben ihm Ratsherr Walter Eisenacher sowie den 05-Altvorsitzenden Karl Köwing, der zugleich Ehrenratsmitglied war.

Die Finanzierung des „Neuen Maschparks" hielt die Verantwortlichen des Jahres 1969 in Atem. Karl Eckold (hinten links) war seit 1958 Vorsitzender (für drei Jahre unterbrochen vom nunmehrigen Ehrenratsvorsitzenden Willi Andre, vorn, Zweiter von rechts). Hinten in der Mitte ist Schriftführer Gustav Mesecke zu sehen. Horst Wolter (rechts) war als Liga-Obmann wieder zurückgekehrt, nachdem er 1968 nach einem Streit mit Fritz Rebell gegangen war. Ganz links der Trainer der neuen Saison, Hans Hipp.

Für die Tribüne braucht 05 die Hilfe der Stadt

Bereits 1967 hatte man mit dem Bau des B-Platzes im „Neuen Maschpark" begonnen, die Errichtung des A-Platzes mit überdachter Tribüne war allerdings auf unbestimmte Zeit verschoben worden. Stattdessen investierte die Stadt zunächst in eine Modernisierung des Jahnstadions, um erst später auch Mittel in den Maschpark zu stecken. Die Folge: Keine der beiden Anlagen wurde bis zur dritten Ausbaustufe des Jahnstadions am Ende der 1980er richtig fertig. Im Bild ein Ausschnitt aus dem „Göttinger Tageblatt" zum Beginn der Bauarbeiten.

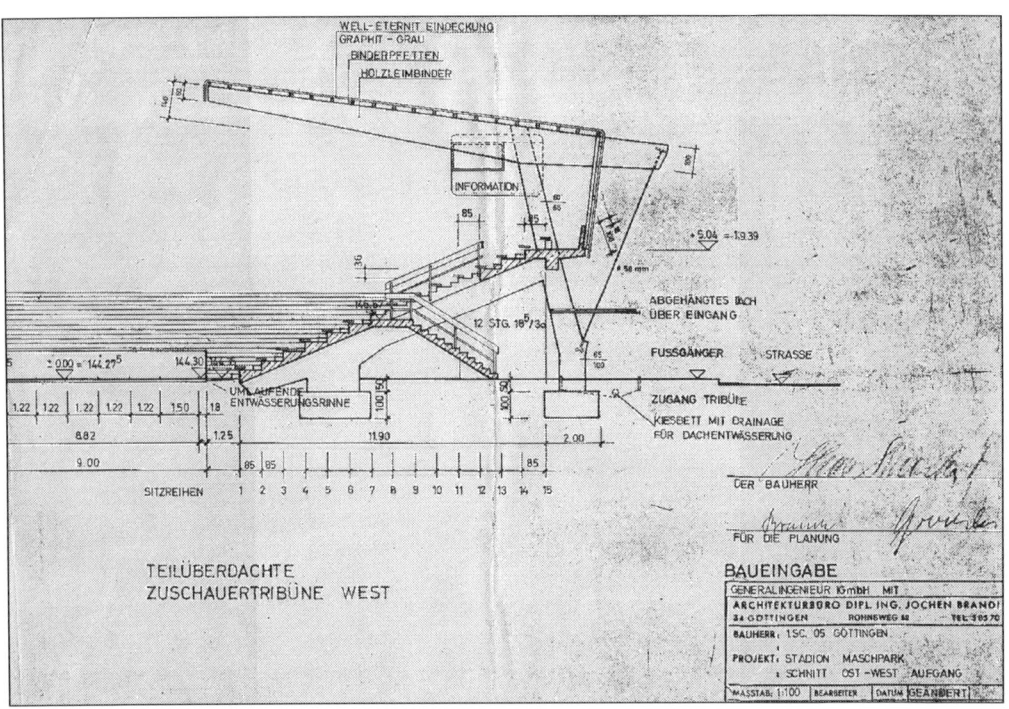

Dieser Ausschnitt aus dem Architektenplan zeigt die Tribüne, die eigentlich ab 1971 im Maschpark gebaut werden sollte, nachdem inzwischen Ränge mit 10.000 Stehplätzen fertig waren, aber Sitzplätze nur provisorisch für wenige 100 Personen zur Verfügung standen. Der Bau fiel allerdings der folgenden Finanzkrise des Vereins zum Opfer, der sich bei der Errichtung des Maschparks finanziell übernommen hatte und auf die Hilfe der Stadt angewiesen war.

Zu Beginn der Saison 1969/70 hatte es unter dem neuen Trainer Hans Hipp einen gewaltigen Wechsel gegeben. Nur noch sieben Spieler (darunter Hinberg, links) waren aus der letzten Aufstiegsrundenmannschaft übrig. Weller (Mitte) war bereits für 800.000 DM in Spanien im Gespräch, blieb aber genauso wie Klepatz (rechts) zunächst den 05ern treu, die angesichts ihrer finanziellen Nöte das Geld allerdings sicher gut hätten brauchen können.

Am 30. April 1970 kehrte Trainer Rebell zu 05 zurück. Ihn hatte es zu Beginn der Saison nach mannschafts- und vereinsinternen Querelen zu Werder Bremen gezogen, wo er nach der Hinrunde aber wieder entlassen worden war. Rebell schaffte in der bis dahin schlecht verlaufenen Saison beinahe noch die Qualifikation zur Aufstiegsrunde, doch am Ende reichte es nur zu Platz fünf. Daraufhin ging die Ära Rebell endgültig zu Ende und der ehemalige Erfolgstrainer kehrte zurück nach Fulda, von wo er 1963 zum zweiten Mal nach Göttingen gekommen war.

Vor der Saison 1970/71 verließen Weller (VfB Stuttgart) und Rohrbach (Eintracht Frankfurt) den 1. SC. Kapitän Matz (oben rechts) hörte verletzungsbedingt auf und auch Klepatz warf im Verlauf der Saison das Handtuch. Der neue Trainer Mühlhausen (oben links) kam von Hannover 96. Beim Training im „Neuen Maschpark" (Bild unten) konnte er einige Neulinge begrüßen – darunter Plaggemeyer, Hübner, Larisch, Preußer, de Haas und Husmann. Nach einigem Auf und Ab belegte die neue Truppe in der Regionalliga Nord am Ende nur Platz sieben.

Ab dem 14. Februar 1971 trug 05 seine Spiele im „Neuen Maschpark" aus. Vor 4.000 Besuchern fand dort gegen den Itzehoer SV (6:0) die erste Partie statt. Quasi als verspätete Stadioneinweihung fand ein Jahr später ein Freundschaftsspiel gegen den Hamburger SV statt. Hier eine Szene mit 05-Nachwuchsspieler Hübner und Uwe Seeler.

In der Saison 1971/72 musste 05 bescheidener werden und Spieler wie Bernd Brendel aus dem Nachwuchs holen. Der „Bomber" schlug gleich voll ein und schoss 05 am 30. Januar 1972 beim 3:1-Sieg gegen St. Pauli fast im Alleingang in Richtung Bundesliga-Aufstiegsrunde. Doch am Ende der Spielzeit reichte es mit Platz fünf wieder nicht, da dem 1. SC die Nerven flatterten.

65

Zum Saisonauftakt 1972/73 konnte Göttingen 05 mit der Verpflichtung seines ehemaligen Spielers Reinhard Roder, der 1967 zum 1. FC Köln gegangen war und dort seine Lizenz erworben hatte, einen neuen Trainer präsentieren. Einigen wird er aus dieser Zeit auch noch als Sportlehrer am hiesigen Otto-Hahn-Gymnasium in Erinnerung sein. Das damalige „5. Gymnasium" war ausgerechnet auf dem Gelände des „Alten Maschparks" gebaut worden, wo Roder seine größten Triumphe gefeiert hatte.

Während die sympathische Mannschaft guten Fußball bot, drohte dem Verein 1972 auf Grund von knapp einer Million Mark Schulden, die auf Baukosten für den „Neuen Maschpark" und den Zuschauerrückgang zurückzuführen waren, der Konkurs. Die Debatte (hier in Schlagzeilen dokumentiert) über die Stadionfrage sowie finanzielle Unterstützung durch die Stadt lief auf Hochtouren.

Den vorerst letzten Angriff auf die Bundesliga gab es in dieser Saison 1972/73 im Maschpark zu sehen. Die Aufstiegsrunde schien lange Zeit greifbar nahe zu sein. Das Bild zeigt den jubelnden Bernd Brendel nach seinem Treffer zum 4:3 gegen Holstein Kiel am 11. Februar 1973. Vor 5.500 Fans stand es am Ende allerdings 4:4.

Während 1973 öffentlich weiter kontrovers über die Sanierung von 05 debattiert und mit der Nörten-Hardenberger Schnapsbrennerei über Trikotwerbung mit dem Keilerkopf verhandelt wurde, war die Mannschaft auf der Erfolgsspur. Beim Spiel gegen Arminia Hannover am 24. Februar 1973 sahen knapp 3.000 Zuschauer einen 2:0-Sieg ihres Teams. Hier eine Spielszene mit Krawczyk (links) und Hansing (Mitte).

Evers wird nach dem 2:0-Sieg gegen Osnabrück am 18. März 1973 vom Platz getragen. Zur Freude der wieder zahlreicher erscheinenden Fans – in dieser Begegnung waren es 6.500 – lag 05 sechs Spieltage vor dem Ende der Saison punktgleich mit Osnabrück und Wolfsburg auf Platz zwei, der zur Aufstiegsrunde zur Bundesliga berechtigte.

Jochen Berner erzielt in der Partie am 15. April 1973 gegen TuS Celle das 4:0 (Endstand 5:0), nachdem Brendel bereits dreimal getroffen hatte. Anschließend folgten jedoch in den verbleibenden drei Spielen ebenso viele Niederlagen und die Schwarz-Gelben hatten mit Platz vier in der Abschlusstabelle einmal mehr das Nachsehen. Der letzte Anlauf zur Bundesliga war gescheitert.

Die Teams von Göttingen 05 und Fortuna Düsseldorf vor dem Freundschaftsspiel zur Platz-einweihung in Bad Oeynhausen-Gothfeld. Der 1. SC siegte am 2. Mai 1973 mit 5:4 über den Bundesligisten. Hockend von links: Hansing, Philipp, Brendel, Krawczyk, Zindel, Preußer, Hübner, Wenzel, Plaggemeyer, Evers und Hinberg.

Mit der Verpflichtung von Siggi Bronnert zur Saison 1973/74 waren große Hoffnungen verknüpft. Hier sieht man den Neuzugang im Duell mit Nationalkeeper Bernd Franke in Braunschweig, das am 13. Oktober 1973 vor 8.000 Zuschauern mit 2:0 für den alten Konkurrenten und Deutschen Meister von 1967 endete. Eine Woche zuvor war der Streit um die Rettung von Göttingen 05 mit der Übernahme des Maschparks durch die Stadt für 480.000 Mark endlich zu einem Ende gekommen.

Der „Flitzer"-Klassiker gegen Braunschweig am 17. März 1974 (0:0) vor der Regionalliga-Rekordkulisse von 13.000 Zuschauern im Jahnstadion bildete das Highlight einer an sportlichen Höhepunkten eher armen Saison. Der zwölfte Platz reichte zusammen mit den Vorjahresergebnissen gerade so eben zur Qualifikation für die neue Zweite Bundesliga. Der „Flitzer" wurde zwar gefasst, konnte aber die 500 Mark einstecken, um die gewettet worden war.

Das Freundschaftsspiel gegen den HSV, für das 05 wie bei der Partie gegen Braunschweig ins Jahnstadion ausweichen musste, da der Maschpark für fünfstellige Besucherzahlen zu klein war, fand am 21. April 1974 statt. Hier ist das zweite Tor der Hamburger, bei dem Zindel (rechts im Bild) nur zuschauen konnte, in seiner Entstehung zu sehen. Der HSV gewann schließlich klar mit 4:0.

4

Die Zeit von 1974 bis 1981:
Vier Jahre in der Zweiten Bundesliga

Angesichts des wenig schmeichelhaften zwölften Tabellenplatzes in der Saison 1973/74 konnte man sich auf Seiten von 05 glücklich schätzen, bereits in den Spielzeiten zuvor ein ausreichendes Punktekonto angesammelt zu haben, um in der neu eingeführten zweithöchsten deutschen Spielklasse einen der sieben dem Norden zustehenden Startplätze zu ergattern. Nachdem die sportliche Qualifikation geschafft war, erhielt Göttingen 05 am 20. Mai 1974 auch in finanzieller Hinsicht grünes Licht vom DFB. Der Traditionsklub zählte somit zu den zwanzig Gründungsmitgliedern der Zweiten Bundesliga Nord und durfte seine Kräfte mit Teams wie Borussia Dortmund, Hannover 96 und Arminia Bielefeld messen.

Die seit 1972 von Ex-Verteidiger Reinhard Roder betreuten Schwarz-Gelben taten dies besser, als es ihnen von allen Experten zugetraut worden war. In der ersten Zweitliga-Saison 1974/75 folgten einem 5:2-Auftaktsieg über die DJK Gütersloh weitere sportliche Triumphe (darunter ein 5:0 über den FC St. Pauli sowie ein 2:2 bei Borussia Dortmund). Parallel dazu sorgte die Vereinsführung mit einem neuartigen Prämiensystem für Furore: Das so genannte „Göttinger Modell" sah vor, dass die Spieler für jeden Zuschauer, der über die als Existenzminimum des Vereins festgelegte Marke von 3.500 Besuchern pro Heimspiel hinaus ins Stadion kam, prozentual an den Einnahmen beteiligt wurden. Das System war höchst logisch: Spielte die Mannschaft gut, kamen mehr Zuschauer und die Einnahmen der Akteure erhöhten sich.

Das „Göttinger Modell" erwies sich als probates Mittel im Kampf gegen die bundesweit herrschende Finanzkrise im Leistungsfußball und wurde vielerorts kopiert. In Göttingen allerdings funktionierte es nur 1974/75, als die Schwarz-Gelben am Ende einen respektablen zehnten Platz belegten und die Taschen der Spieler bei einem Schnitt von 6.348 Fans pro Partie ordentlich gefüllt wurden. 1975/76 hingegen zahlten die Akteure angesichts von nur noch 3.199 Zuschauern pro Begegnung drauf und das „Göttinger Modell" wurde stillschweigend eingemottet.

Der Zuschauerrückgang hatte viele Ursachen: Der Reiz der neuen Mannschaften aus Dortmund, Münster, Aachen oder Köln war weg, die Mannschaft um Regisseur Dieter Hochheimer spielte nicht mehr so augenfällig wie in der Vorsaison und mit Mittelstürmer Frank-Michael Schonert, einst aus Heide gekommen und zwischenzeitlich sogar von Bayern München umworben, hatte man seinen Torgaranten an Fortuna Düsseldorf verloren. Zwar wurde 05 am Saisonende Elfter, doch das Abstiegsgespenst hatte sich viel zu häufig im Jahnstadion blicken lassen.

Finanzielle Sorgen (es drückte ein Schuldenberg von 300.000 Mark), interne Probleme – im Dezember 1975 war unter anderem der 2. Vorsitzende Horst Wolter aus dem Vorstand ausgeschieden – und das zurückgehende Interesse der Fans bereiteten Trainer Roder schon vor der Saison 1976/77 große Sorgen. Dazu kam, dass mehrere Spieler mit der deutschen Studentennationalmannschaft auf Tournee waren und die Vorbereitungsphase verpassten. Die Folgen waren fatal: 05 kam nie aus der Abstiegszone hinaus, musste Dieter Hochheimer in einem „Notverkauf" für 175.000 DM an Tennis Borussia Berlin verkaufen und bestritt seine Partien vor einer kontinuierlich sinkenden Zahl von Zuschauern. Zwar schaffte die Elf nach einem Trainerwechsel (Bernd Oles kam für Roder) sowie durch die Verpflichtung von Torjäger Wilfried Klinge kurzzeitig den Anschluss an die rettenden Plätze, wobei vor allem der 2:0-Sieg beim direkten Kontrahenten Bonner SC heftig umjubelt wurde, am Ende reichte es aber nicht. 05, das im Laufe der Saison erstmals mit Trikotwerbung aufgelaufen war („erdgas"), musste in die Amateuroberliga Nord absteigen.

Es sah finster aus für die nunmehr wieder im Maschpark spielenden 05er, die vor dem völligen Neuaufbau standen. Lediglich Nachwuchstalent Calle Dybowski sowie Manfred Zindel blieben aus der Zweitligazeit. Mit einem vor allem aus Akteuren der zweiten Mannschaft sowie weitgehend unbekannten Neuzugängen wie Kurt Pinkall und Peter Koptula bestehenden Notkader gelang indes das Wunder. Schalke 04 kam zum Pokalspiel – und sicherte sich mit einem mühsamen 2:0-Sieg nur glücklich den Einzug in die nächste Runde. Das erste Heimspiel gegen den VfB Lübeck bestätigte schließlich endgültig, was für ein Schatz von Mannschaft da unter den Händen von Trainer Oles herangereift war: Mit 9:1 triumphierten die Schwarz-Gelben, die sich frühzeitig in der Spitzengruppe festsetzten und am Ende den Einzug in die Aufstiegsrunde zur Zweiten Bundesliga feiern konnten. Doch dem „Wunder von Göttingen" war keine lange Lebensdauer beschieden. Trainer Oles hatte bereits vor Saisonende in Baunatal unterschrieben und nahm mehrere Spieler mit, Flügelflitzer Pinkall wechselte zu Viktoria Köln und in der Aufstiegsrunde versagten dem auseinander brechenden Team die Nerven. Lediglich der 5:1-Erfolg über den späteren Aufsteiger Viktoria Köln ragte heraus.

Es folgte ein wenig berauschendes Jahr. Vorstandsquerelen, mittelmäßige Darbietungen in der 3. Liga sowie ein dramatischer Zuschauerrückgang (1978/79 erreichte man mit 1.013 Zahlenden pro Spiel einen noch nie erlebten Tiefstwert) ließen nichts Gutes für die Zukunft erhoffen, zumal parallel dazu die Basketballer des SSC Göttingen zu einem sportlichen Höhenflug ansetzten und um die Deutsche Meisterschaft mitspielten. Die Wende kam, als mit Helmut Latermann ein aus der Region stammender Trainer die Führung übernahm und der Elf um die Leistungsträger Kurt Goetz (Tor), Wolfgang Kellner (Libero) und „Bomber-Bernd" Brendel zur Saison 1979/80 neue Klasse verschaffte. Der vom Bremer Verbandsligisten gekommene Torjäger Harald Snater, Außenstürmer Uli Thorke sowie Filigrantechniker Detlev „Delle" Wolter erwiesen sich als Zünglein an der Waage beim Gewinn der Vizemeisterschaft, die zu zwei Aufstiegsspielen gegen Berlins Meister BFC Preußen berechtigten. Gegen jenen taten sich die Schwarz-Gelben zwar schwer, doch nach einem 1:0 daheim vor der Saison-Rekordkulisse von 5.300 Zuschauern und einem 1:1 in Berlin war die Rückkehr in die 2. Liga-Nord perfekt.

Schon wenige Tage später kam allerdings die Ernüchterung: Der DFB beschloss die Zusammenlegung der beiden Zweitligastaffeln, womit Aufsteiger 05 quasi vor dem ersten Spieltag schon wieder als Absteiger feststand. Mindestens Fünfter hätten die 05er werden müssen – angesichts der begrenzten Finanzmittel und der biederen sportlichen Voraussetzungen utopisch. Einziges Faustpfand des Vereins war die „familiäre Atmosphäre" – im Haifischbecken Profifußball indes ein eher nutzloses Hilfsmittel. Zwar spielte 05 ordentlich mit und sorgte auch für ein paar Überraschungen, am Ende aber stand der erneute Abstieg in Liga 3.

Trainer Roder (hier im Bild flankiert von Metge, Wolter und Heithreder) hatte in seiner dritten Saison als 05-Trainer allen Grund, skeptisch zu sein. In der ersten Saison der neuen Zweiten Bundesliga-Nord galten die Göttinger, die nur mit Mühe die Lizenz erhalten hatten, als sicherer Abstiegskandidat.

Der erste Zweitligakader der Saison 1974/75 (hinten von links): Co-Trainer Scheer, Mensink, Hochheimer, Zindel, Brendel, Hübner, Hartung und Trainer Roder. Mitte: Schonert, Hansing, Plaggemeyer, Kladnick, Wolf und Krawczyk. Vorne: Narten, Scherz, Wenzel, Kapitän Hinberg und Evers.

Da der Maschpark nicht zweitligatauglich war, musste 05 wieder ins Jahnstadion ausweichen, wo eigens neue Zäune errichtet wurden. Das erste Zweitliga-Spiel am 3. August 1974 gegen DJK Gütersloh wurde vor 6.500 Zuschauern 5:2 gewonnen. Im Bild ist Außenstürmer Klaus „Ede" Wolf zu sehen, der zu Beginn der Saison vom JTSV Bramwald Ellershausen gekommen war und noch von sich hören lassen sollte.

Spielgestalter Dieter Hochheimer, der 1974 vom HSV zu 05 kam und auch schon für die Kickers aus Offenbach gespielt hatte, galt seit einem überragenden Auftritt sechs Jahre zuvor beim 2:1-Sieg der bundesdeutschen Schülernationalmannschaft im voll besetzten Wembley-Stadion gegen England als Riesentalent. Er sollte auch in Göttingen zu einer treibenden Kraft werden und spielte mit seinem neuen Teamgefährten Hübner zudem in der Studentennationalmannschaft.

Das dritte Heimspiel am 28. August 1974 gegen Olympia Wilhelmshaven brachte (nach dem 5:2 gegen Gütersloh und einem 5:0 gegen St. Pauli) mit einem 5:2 den dritten Sieg mit fünf erzielten Treffern in Folge. 8.500 Zuschauer waren dabei – 05 lockte wieder große Zuschauermassen an. Im Bild der kampfstarke Hansing, der hier, beobachtet von Zindel, allerdings im Übereifer ein Revanchefoul begeht.

Das 05-Maskottchen brachte offenbar Glück, denn nach fünf Spielen (neben den drei Heimsiegen gab es noch einen 2:0-Auswärtserfolg in Aachen und eine 1:2-Niederlage bei Barmbek-Uhlenhorst) hatten die Göttinger am sechsten Spieltag der Saison 1974/75 in Dortmund die Chance, die Tabellenspitze der 2. Liga zu erklimmen. Selbst der „kicker" schrieb auf der Titelseite: „Die Göttinger sind die Sensation!"

32.000 Zuschauer – bis dato Ligarekord – warteten am 31. August 1974 im Westfalenstadion auf den Newcomer aus Göttingen. Der kam mit vielen mitgereisten Fans und vor allem mit dem Mann des Tages: Frank-Michael Schonert (im Bild), der beide Ausgleichstore zum für den BVB schmeichelhaften 2:2 erzielte. 05 wurde zum Erstaunen der Fußballnation Tabellenführer und Bayern München aufmerksam auf den Topscorer der Zweiten Liga Nord.

Mit 3:2 fegte 05 am 7. September 1974 Hannover 96 vor 12.000 Zuschauern aus dem DFB-Pokal. Hier köpft Hochheimer einen Eckball von Zindel – an Damjanoff und Meyer vorbei – unhaltbar für 96-Keeper Pauly zum vorentscheidenden 3:1 in der 77. Minute ein. In der zweiten Runde kam dann allerdings das genauso überraschende Pokal-Aus in Siegen.

In der ersten Zweitligasaison sorgte das „Göttinger Modell" bundesweit für Aufmerksamkeit. Danach gingen bei einer Zuschauerzahl über 3.500 alle Einnahmen zur Hälfte (nach Abzug diverser Fixkosten) an die 16 Vertrags-Spieler, die nur 350 Mark Basisgehalt plus individuelle Prämien bekamen. Bis zum Topspiel gegen Dortmund vor 15.000 Besuchern (ewiger Göttinger Zweitliga-Rekord) am 1. März 1975 (0:0) wurde diese Marge meist weit überschritten. Davon profitierte nicht nur Mensink, der hier in einem gut besuchten Spiel agiert.

Diese Szene stammt aus der Begegnung mit Hannover 96 am 31. Mai 1975 vor 8.000 Zuschauern im Jahnstadion. Die 0:2-Niederlage konnte durch Göttinger Angriffsbemühungen nicht verhindert werden. Rechts blickt Krawczyk einer Faustabwehr von 96-Torhüter Pauly nach. Am Ende der ersten Zweitligasaison verbuchte 05 nach einigen Rückschlägen noch einen guten zehnten Platz.

Inzwischen war Schonert in die 1. Liga nach Düsseldorf transferiert worden, da Bayern München wegen „zu weicher Bänder" des 05-Stürmerstars abgesagt hatte. So lief dieser am 23. Juli 1975 für die Fortuna im Jahnstadion auf und 5.000 Besucher des Freundschaftsspieles sahen einen Göttinger 3:2-Sieg, bei dem Mittelstürmer Hayer (im Bild) zwei Treffer erzielte und Schonert fast vergessen ließ.

Mit dem Pokalaus in der ersten Runde bei 1860 München begann eine neue Pflichtspielsaison mit erheblichen personellen Zuwächsen. Neben Hayer (5. von links) kamen Dreyer, Gruler (6. von links), Josef Votava und Hollasch (8. von links) als Verstärkung. Hier posieren die Spieler vor dem am 9. August 1975 vor 4.900 Zuschauern im Jahnstadion mit 3:0 gewonnenen Auftaktspiel gegen Erstligaabsteiger Tennis Borussia Berlin.

05 gegen BVB hieß das Topspiel am 29. September 1975. Der erhoffte Bruderkampf Mirko (Dortmund) gegen Josef Votava fand allerdings nicht statt, da Josef auf Göttinger Seite nicht eingesetzt wurde. Bei 05 fehlten zudem die verletzten Spieler Hochheimer (Operation am Innenmeniskus), Hollasch (im Bild, er laborierte an einem Schienbeinbruch aus dem Spiel in Münster einen Monat zuvor) und Hübner (Bänderabriss). Das Verletzungspech sollte bei 05 die gesamte Saison bestimmen.

In dieser Szene aus der Partie gegen Borussia Dortmund vor 6.500 Zuschauern versucht Nerlinger (BVB), Gruler – der wesentlich dazu beitrug, den Dortmunder Angriff zu entschärfen – ein Bein zu stellen. Zwei Kopfballtore von „Ede" Wolf und ein Abstauber von Hayer führten zum 3:0-Endstand und zur „Hinrichtung eines Favoriten" wie der „kicker" titelte.

Nach dem 3:0-Sensationserfolg gegen Dortmund konnte 05 in den nächsten drei Partien keinen Sieg landen. Auch das 2:1 im Heimspiel gegen Gütersloh am 8. November 1975 vor 2.370 Zahlenden war eher glücklich denn herausgespielt. Hier ist einmal mehr Wolf in Aktion, der das entscheidende zweite Tor in der 87. Spielminute markierte.

Am 26. Februar 1976 kam es zu einem wesentlichen Einschnitt in der Geschichte des 1. SC Göttingen 05. Die Änderung der Geschäftsordnung sah für die Zukunft vor, dass nicht mehr der Vorstand allein die Geschicke des Vereins zu bestimmen hatte, sondern ihm ein Präsidium zur Seite gestellt werden sollte. Zwar blieb Karl Eckold Vorsitzender, aber das Präsidium unter Dr. Gerhard Völke (im Bild) übernahm die Geschäftsführung mit dem Vorsatz, mehr Professionalität in den Verein zu bringen.

Inzwischen war im Göttinger Lager wieder einmal Ernüchterung eingekehrt. Einigen hohen Siegen standen ebensolche Niederlagen entgegen. Als am 29. Februar 1976 Preußen Münster zu Gast war, wollten das nur noch 3.500 Zuschauer mit ansehen. Das „Göttinger Modell" wackelte arg und wurde nach der 1:3-Pleite nicht stabiler. Hier eine Spielszene mit Wolf und Plaggemeyer, der den Ehrentreffer erzielte.

2. Liga

2:0!
Oh, wie wichtig:
Göttingen schlägt
Leverkusen

Bild am Sonntag

Langsam wurde es eng in der Saison 1975/76. Selbst die sonst eher 05-kritische „BILD"-Zeitung nahm sich der Schwarz-Gelben an und stellte nach dem 2:0-Erfolg gegen Leverkusen am 20. März 1976 Nebenstehendes an den Zeitungskiosken fest. Der wiedergenesene Hochheimer und Zindel sorgten vor 1.800 Rest-Fans im Jahnstadion für die knappe obere Schlagzeile.

Der ehemalige Torhüter von 1964 bis 1968 und mittlerweile 33-jährige Albert Speidel wurde im März 1976 an Stelle von Gerd Metge neuer Liga-Obmann und stand ab 1977 sogar nochmals als Ersatzkeeper im 05-Kader. Überhaupt hatte die sportliche Berg- und Talfahrt im Verlauf der mit Platz elf abgeschlossenen Saison für eifriges Stühlerücken gesorgt und zudem einige Schulden aufgeworfen, denen das „Göttinger Modell" schließlich zum Opfer fiel.

Die Saison 1976/77 begann genauso turbulent wie die letzte aufgehört hatte. Aus finanziellen Gründen musste Wolf nach Münster verkauft werden und später Hochheimer an Tennis Borussia. Roder fiel in Ungnade, Bernd Oles (links im Bild) übernahm daraufhin am 19. Dezember 1976 das Traineramt und der 1975 aus dem Vorstand entschwundene Horst Wolter (rechts neben Oles) „saß" ihm dabei zur Seite.

Mit Oles ging es zunächst etwas aufwärts. So konnte Hannover 96 am 22. Januar 1977 mit 2:1 besiegt werden. Hier hat Krawczyk gerade den entscheidenden Treffer in der 59. Minute erzielt. Auch die Zuschauerresonanz zeigte mit 4.300 Zahlenden an einem schneeweißen Wintertag einen hoffnungsvollen Trend. Zudem sorgte mit „erdgas" erstmals auch ein Trikot-sponsor für monetären Aufwind.

Am 12. Februar 1977 kam es im Jahnstadion zu Herford zu einer wichtigen direkten Begeg-nung mit einem anderen Abstiegskandidaten. Im Bild greift Hübner an, nachdem die neue Sturmhoffnung Klinger 05 bereits in der sechsten Minute in Führung gebracht hatte. Nach dem Abpfiff blieb indes nur ein 1:1-Unentschieden als Ausbeute, das nichtsdestotrotz von Trainer Oles als moralischer Sieg gefeiert wurde.

Einen weiteren großen Schritt in Richtung Klassenerhalt tat 05 am 12. März 1977 mit einem 5:3-Erfolg gegen den Wuppertaler SV. Herausragender Akteur dieser Begegnung war Zindel, dessen im Bild zu sehender Schuss die 4:3-Führung in der 57. Minute nach sich zog. 4.500 Besucher im Jahnstadion konnten wieder Hoffnung im Abstiegskampf schöpfen.

Nach dem Sieg gegen Wuppertal ziehen jubelnde Fans über den Platz. Im Spiel gegen Bayer Uerdingen im Februar 1977 war der Fanklub „Die Löwen" erstmals in die Schlagzeilen geraten, als Übergriffe auf Gästefans begannen, die sich bis zum Selbstmord des Fanklubvorsitzenden „Patta" im Dezember 1980 hinzogen. Offenbar wirkte die Bestürzung darüber als Signal, zum „normalen Leben" zurückzukehren.

Schon Mitglied im BSC?

Nachdem 05 am 19. März 1977 zu Hause 1:3 gegen den SV Arminia Hannover unterlegen
war, wurde die Reise nach Bonn am folgenden Wochenende zur Wallfahrt gegen das drohende
Schicksal. Dem vermeintlich vorentscheidenden Abstiegsduell beim Bonner SC wohnten im
Nordparkstadion 500 Göttinger bei.

Vor dem Abstiegsduell beim Bonner SC war 05 Tabellensiebzehnter mit zwei Punkten Rückstand auf den rettenden 16. Platz. Den hatten eben die (damals noch) Hauptstädter inne. Das
Bild zeigt den Treffer durch Klinge zum 2:0-Endstand. Auch das 1:0 hatte der Göttinger Stürmer erzielt. 7.500 Bonner mussten enttäuscht von dannen ziehen, während die 05-Fans froh-
lockten.

85

Am 2. April 1977 endete die Begegnung zwischen 05 und dem VfL Osnabrück vor 4.250 Zuschauern mit 0:0. Plaggemeyer und Hollasch purzeln hier an Osnabrücks Nummer neun (Schock) vorbei, während Urban Klausmann die Szene beobachtet. Trotz vieler 05-Chancen hielt der VfL das torlose Remis und stahl den Göttingern einen möglichen Punkt gegen den Abstieg.

Der 14. Mai 1977 war der Schicksalstag für die Zweitligazugehörigkeit von 05. Ein 0:4 in Leverkusen besiegelte fast den Abstieg. Im Bild wird Plaggemeyer angegriffen, derweil der für den verletzten Hinberg als Kapitän fungierende Hübner die Attacke beobachtet. Acht Tage später fiel am letzten Spieltag die Entscheidung. Ein 3:1 gegen Fortuna Köln reichte für 05 nicht mehr, da gleichzeitig Konkurrent Bonn gewann.

Die Saison 1977/78 war nach dem Abstieg aus dem Profi-Fußball die erste in der Amateur-Oberliga Nord. Und wieder war der Wechsel der Spielklasse mit einem Umzug verbunden. Zurück im Maschpark, fand man alles wie gehabt vor. Natürlich war dort während der Abwesenheit keine neue Tribüne entstanden. Hier präsentiert Trainer Oles mit Pinkall und Erkenbrecher zwei starke Neuzugänge.

Nach dem Abstieg waren fast alle Spieler verkauft worden, um die Schuldenlast zu minimieren. Nur Dybowski, Zindel und der „auferstandene" Brendel gehörten noch zum neu formierten Team 1977/78. Hinten von links: Betreuer Häusler, Franke, Keese, Erkenbrecher, Wolter, Brendel, Stania, Dybowski, Pinkall und Trainer Oles. Vorne: Hammer, Koptula, Krech, Goetz, Speidel, Rusteberg und Becker.

Die erste Bewährungsprobe hatten die Amateure am 30. Juli 1977 gegen die mit Nationalspielern gespickten Profis von Schalke 04 zu bestehen. In der ersten Runde des DFB-Pokals unterlag 05 vor 10.000 Zuschauern mit 0:2. Bemerkenswert waren besonders die Duelle zwischen Keese und Abramczyk. Fast wäre das Spiel u.a. durch den Einsatz von Dybowski und des starken neuen Keepers Goetz gegen Fischer und Rüssmann (Fotos unten) noch gekippt.

Amateuroberliga-Alltag im immer noch halb fertigen Maschpark am 29. Oktober 1977: Vor 3.360 Zuschauern siegte 05
mit 5:2 gegen Preußen Hameln. Im Bild das 4:2 durch Stania
(rechts Brendel). Am Ende der Saison musste der neu formierten Mannschaft ein Riesenlob gezollt werden, denn mit dem
dritten Platz hatten sich die schwarz-gelben Feierabendkicker
für die Aufstiegsrunde zur Zweiten Liga qualifiziert.

GÖTTINGEN
I·SC·05

05

wirbt für

erdgas

**und für
die 2. Liga**

＊＊

**Beginn
der Aufstiegsrunde:**

**Göttingen 05 –
Wanne-Eickel**

**Morgen, Sonntag,
15 Uhr,
Maschpark-Stadion**

＊＊

05-Mannschaftskapitän Bernd Brendel und Torhüter Kurt Götz

GÖTTINGEN
I·SC·05

und erdgas

Damals noch üblich: Riesige Ankündigungen in den größten
regionalen Zeitungen. Das beworbene Auftaktspiel gegen
Wanne-Eickel wurde mit einem 2:2 abgeschlossen, dem zwei
Niederlagen folgten. Dem 1:5 bei Viktoria Köln konnte in Göttingen das gleiche Ergebnis für 05 entgegengesetzt werden
und es keimte noch einmal Hoffnung auf. Am Ende belegte 05
jedoch den letzten Platz in der Aufstiegsrunde.

Schon während der Aufstiegsspiele hatte Oles zur Verärgerung des Vereins seinen Wechsel nach Baunatal kundgetan, wohin er Erkenbrecher und Sturmhoffnung Krech gleich mitnahm. Auch Pinkall zog von dannen. Zur Saison 1978/79 präsentierte mit Kurt Krauß (rechts) ein alter Bekannter nunmehr als Trainer die Neuzugänge. Oben von links: Bohne, Ernst, Bruns und Nacke. Unten: Harald Sippel, Klank und Uwe Dybowski.

Bereits am 21. Februar 1979 wurde der erfolglose Krauß durch Helmut Latermann ersetzt. Der Polizeibeamte engagiert sich hier am Spielfeldrand, ohne dass die Zuschauer davon sonderlich beeindruckt erscheinen. Das änderte sich erst zum Ende der Saison, als Latermann das 05-Schiff wieder flott gemacht und in den sicheren Hafen eines akzeptablen sechsten Platzes manövriert hatte.

Den höchsten Saisonsieg errang 05 am 16. April 1979. Stania spitzelt hier den Ball am gegnerischen Torwart zum 2:0 vorbei. Nach drei weiteren Toren von „Delle" Wolter hieß es schließlich 5:0 gegen Phoenix Lübeck, allerdings vor nur 680 Besuchern. Was deren Zahl angeht, war mit etwas mehr als 1.000 im Saisondurchschnitt ein absoluter historischer Tiefpunkt erreicht worden.

Der Kader am Ende der Spielzeit 1978/79 (oben von links): Trainer Latermann, Kellner, Wolter, W. Rusteberg, Stania, Becker, Nacke, K. Dybowski, Masseur Wiesner und Betreuer Häusler. Unten: Bohne, Bruns, Brendel, Speidel, Goetz, Koptula, U. Dybowski und H. Sippel. Nach der Saison ergänzten Snater, Böker, Thorke, J. Jander und B. Schröder die Mannschaft.

Am 9. September 1979 gab es im Maschpark vor 3.500 Zuschauern ein 0:0 im Spitzenspiel gegen den VfL Oldenburg. Im Bild hält der Keeper der Oldenburger den Ball sicher und rechts staunt „Bomber" Bernd, während sein Teamkollege nicht zur erhofften Torchance gekommen ist. Am Ende der Saison stand Oldenburg mit zwei Punkten vor 05 auf Platz eins. Oldenburg stieg in die 2. Liga auf, 05 musste noch zittern.

Ein volles Haus gab es in dieser Saison nur einmal: Als Bayern München am 5. April 1980 etwas vor der Zeit zum 75. Vereinsjubiläum eine Freundschaftsspiel-Gala gab und mit 1:0 vor 8.000 Zuschauern im Maschpark knapp gewann. Aber auch das erste Aufstiegsspiel gegen den Berliner FC Preussen, das die „Helden vom Maschpark" am 18. Mai 1980 mit 1:0 siegreich bestritten, zog über 5.000 Menschen an.

Das entscheidende Rückspiel um den Wieder-Aufstieg gegen den FC Preußen begleiteten 1.000 Fans, die eigens nach Berlin reisten. Die Mannschaft begrüßt vor dem Match die Zuschauer. Von links: Ulrich Thorke, Gerd Bohne, Detlef Wolter, Peter Koptula, Wolfgang Kellner, Thomas Bruns, Karsten Böker, Harald Snater, „Calle" Dybowski, Kurt Goetz und Bernd Brendel.

„Calle Dy", umjubelt von den Fans, trinkt nach dem 1:1 in Berlin erst einmal eine gute Flasche „Rüttgers Club" auf den Wiederaufstieg in die Zweite Bundesliga Nord. Doch die Freude währte nicht lange: Wenige Tage später stand der Modus für die Qualifikation zur eingleisigen Zweiten Bundesliga ab der Saison 1981/82 fest, der 05 kaum eine Chance bot, da Platzierungen der Vorjahre maßgeblich in die Punkte-Wertung einflossen.

Mit diesem Kader sollte 1980/81 die fast unmöglich erscheinende Qualifikation für die eingleisige Zweite Liga wenigstens versucht werden. Oben von links: Thorke, Bohne, Fesser und Schwarck. Mitte: Trainer Latermann, Snater, Brendel, Bruns, Wolter, Dybowski, Kellner, Schröder und Liga-Obmann Fritz. Unten: Co-Trainer Wiegandt, Koptula, Braunschweig, Goetz, Klank, Krech, Dickkopf und Böker.

Zur vierten Zweitliga-Saison folgte ein erneuter Umzug ins Jahnstadion, das gerade eine neue Tribüne (Gegengerade) mit Gastwirtschaft und Umkleidekabinen erhalten hatte. Beim ersten Heimspiel gegen Wattenscheid 09 am 9. August 1980 attackiert Dybowski Wattenscheids Torwart Behrendt, während Thorke schon wieder aus der Luft absteigt. Es blieb letztlich bei einem torlosen Remis vor 5.000 Zuschauern.

Drei Treffer steuerte „Calle" Dybowski (links) zum höchsten Saisonsieg am 31. Januar 1981 gegen den OSV Hannover bei. Snater (im Sprung) unterstützt die Angriffsbemühungen und setzte selbst den Schlusspunkt zum 6:1-Sieg. 1.200 Zuschauer verteilten sich an diesem Wintertag im verschneiten Rund des Jahnstadions.

Beim Heimspiel gegen Rot-Weiß Essen am 11. April 1981 macht Snater das dritte Tor. 05 siegte schließlich mit 4:2 vor 2.500 Unentwegten, als der erneute Abstieg in die Amateur-Oberliga Nord bereits feststand. Um sich für die eingleisige Zweite Liga zu qualifizieren, wäre ein Platz im oberen Tabellenbereich notwendig gewesen. Davon waren die Schwarz-Gelben zu diesem Zeitpunkt allerdings bereits weit entfernt.

Der abschließende Höhepunkt der letzten Zweitligasaison war das Heimspiel gegen Werder Bremen am 1. Mai 1981 vor 7.500 Zuschauern (1:3). Im Bild von links: Fesser, Siegmann, Snater, Burdenski und Kostedde. Das vorerst letzte Zweitligaspiel absolvierte 05 am 16. Mai 1981 gegen die SpVgg Erkenschwick vor nur noch 700 Fans (4:0). Die Saison 1980/81 schloss der 1. SC letzten Endes motivationslos mit dem 18. Platz unter 22 Teams ab.

Nach dem „Abstieg" beendeten zahlreiche Leistungsträger der vergangenen Jahre ihre aktive Laufbahn oder verließen 05 - so u.a. Brendel, Goetz, Koptula und Krech. „Bomber" Bernd Brendel wird hier vom langjährigen 05-Vorstandsvorsitzenden (durchgehend von 1962-1990) Karl Eckold und dem Fanklubvorsitzenden „Peppy" Freter feierlich verabschiedet.

5

Die Zeit von 1981 bis 1994:
Der lange Weg durch die
Amateur-Oberliga Nord

Mit der Rückkehr von 05 in den Amateurbereich begann die Krise des Göttinger Leistungsfuß-
balls, die bis heute anhält. Eine Mischung aus finanziellen Nöten, Chaos auf der Funktionärsebene und ständigen Trainer- wie Spielerwechseln ließ die 05-Aktien in den Keller rauschen.
Einzig im DFB-Pokal sorgten die Schwarz-Gelben noch für Furore. 1981/82 beispielsweise war-
fen sie nacheinander den TuS Xanten, Rot-Weiß Oberhausen, Urania Hamburg und - im Wie-
derholungsspiel vor fast ausverkauftem Haus im Maschpark - den 1. FC Bocholt aus dem
Rennen, um im Viertelfinale auf den seinerzeitigen Bundesliga-Tabellenführer und kommen-
den Deutschen Meister Hamburger SV zu treffen. Dessen Gastspiel am 20. Februar 1982
machte Göttingen kurzzeitig zu einer Fußballhochburg. Alle wollten live im Jahnstadion dabei
sein: Mit 23.650 Zahlenden wurde eine Rekordmarke für die Ewigkeit registriert, die Medien
überschlugen sich fast in der Berichterstattung und die leidgeprüften 05-Fans waren glücklich, dass ihre Elf endlich einmal positiv in den Schlagzeilen stand.

Die neunzig Minuten gegen den Meisterklub von der Alster gingen in die 05-Annalen ein.
„Minuten in Führung: Sternstunde der Göttinger", lauteten tags darauf bundesweit die Schlagzeilen, denn als Uli Thorke in der 58. Minute die 2:1-Führung für 05 markierte, lag eine Sensation in der Luft. Doch der eingewechselte Thomas von Heesen machte mit zwei Torvorlagen
und einem selbst erzielten Treffer alle schwarz-gelben Träume zunichte, und so blieb nach
der 2:4-Niederlage nur Delle Wolters' legendärer Satz über seine Gefühle und die Atmosphäre
nach dem 2:1-Führungstreffer: „Ich dachte, die Zuschauer reißen das Stadion ein".

Sternstunden wie jene gegen den HSV waren allerdings die Ausnahme. Nur wenige Wochen
später sorgte die Anwesenheit von gerade einmal 237 Zuschauern gegen Holstein Kiel für
einen neuen Nachkriegs-Minusrekord, und schon die nächste Saison stand unter dem eisernen
Motto „Sparen". Bis 1985 dümpelte 05 im Mittelfeld herum und musste sich häufiger mit
Abstiegssorgen beschäftigen, als sich Aufstiegsträumen hingeben zu können. Herausragender
Erfolg jener Tage war ein vor allem durch brillante Leistungen der beiden Außenstürmer Bernd
Krech und Jimmy Weir herausgespielter 4:2-Sieg in der 1. Hauptrunde des DFB-Pokals 1983
gegen den Bundesligisten Eintracht Frankfurt.

Doch insgesamt fand das 05-Ensemble in diesen Jahren zu keiner Konstanz, und die andau-
ernden Querelen auf der Funktionärsebene waren auch nicht unbedingt hilfreich. Ab 1986/87
drohte der Klub nach dem Aufstieg der Spielvereinigung 07, wo sich zahlreiche Ex-05er ver-
dingten, die nicht selten in Unfrieden von den Schwarz-Gelben geschieden waren, sogar von
seiner seit Jahrzehnten unumstrittenen Position als Göttingens Nummer 1 verdrängt zu werden.

Damit waren die Jahre der Bescheidenheit und des Bestrebens, vornehmlich durch den
eigenen Nachwuchs nach oben zu kommen, beendet. Unter der Ägide von Manager Gulz, Präsident Jürgen Beinling sowie Charly Mrosko als Trainer wurden nun Nägel mit Köpfen
gemacht. Man verpflichtete namhafte Akteure, vollzog den Umzug ins Jahnstadion - wo zeit-

gleich eine überdachte Zuschauertribüne entstand – und schrieb als Zielsetzung „Zweite Bundesliga" aus. Die Rolle als Nummer Eins vor Ort verteidigte die Elf um Regisseur Clemens Hoping, Rückkehrer Bernd Krech und den zweitligaerfahrenen Peter Kempa im ersten Lokalderby seit 1964 mit einem 5:0-Kantersieg recht souverän – das Vorhaben mit dem Aufstieg klappte indes leider nicht. 05 bestach zwar durch mitreißenden Angriffsfußball, gab aber immer wieder unnötige Punkte ab und schaffte nur die Qualifikation zur Deutschen Amateurmeisterschaft, wo Tennis Borussia Berlin für das Aus sorgte.

In der übernächsten Spielzeit war der Traum vom Zweitligaaufstieg dann zum Greifen nahe. Mit einer neu formierten Elf gelang den Schwarz-Gelben 1988/89 ein beeindruckender Start, und am Saisonende hatten sie die Aufstiegsrunde zur Zweiten Bundesliga erreicht. Dort trafen sie zum Auftakt auf den MSV Duisburg, dessen Gastspiel über 10.000 Fans anlockte, die eine nach der frühen Führung durch Lutz Lillig famos aufspielende Heimelf sahen. Doch Duisburg war im Glück – Struckmann traf zum schmeichelhaften Ausgleich. Vier Tage später bewiesen die 05er in Münster, dass sie durchaus ernst zu nehmen waren, verloren jedoch unglücklich mit 0:1. Es folgte ein fulminanter 5:0-Erfolg über Nordmeister TSV Havelse, nach dem die Schwarz-Gelben wieder hoffen durften. Doch ausgerechnet beim vermeintlichen „Underdog" Reinickendorfer Füchse versagten den Göttingern die Nerven – die 1:3-Niederlage in Berlin zerstörte beinahe sämtliche Hoffnungen. Am Ende fehlte lediglich ein Punkt zum Aufstieg.

Abermals begannen turbulente Tage. Trainer Mrosko verließ den Maschpark, der mehr und mehr zum Tollhaus wurde. Präsident Beinling wollte mit Macht in die Zweite Liga und regierte mit harter Hand. Trainer Koptula, der für den kurzfristig absagenden Wolfgang Sandhowe eingesprungen war, wurde am 25. November 1989 (drei Wochen zuvor hatte es erstmals seit 1963 eine Niederlage in einem Ligaspiel gegen Nachbar SVG gegeben) durch Joachim Krug ersetzt, unter dem die Teilnahme an der Aufstiegsrunde jedoch verfehlt wurde.

Die darauf folgende Saison stand unter dem Motto „Nicht kleckern, sondern klotzen". Akrapovic, Rogowski, Heimbüchel, Hoping und Bodnariuk hießen die Neuzugänge bzw. Heimkehrer, die 05 in die Zweite Liga schießen sollten. Und es lief prima. So düpierten die Schwarz-Gelben vor über 4.000 Fans im Lokalderby die SVG mit 6:1 und standen zur Halbserie in der Spitzengruppe. Der Auftakt zur Rückrunde misslang jedoch, woraufhin Trainer Krug überraschend geschasst und durch Helmut Latermann ersetzt wurde. Unter dem Polizeibeamten gelang schließlich Platz zwei und somit die Qualifikation zur Aufstiegsrunde, in der jedoch vorzeitig sämtliche Hoffnungen zerstoben. Am Ende stieg Remscheid auf, 05 blieb Drittligist und im Maschpark hieß die Devise nun wieder „Ohne Stars erfolgreich sein".

Die junge Elf um Eike Mach, Tobias Dietrich und Frank Wagener – kurzzeitig trug auch der ehemalige DDR-Nationalspieler Markus Wuckel das 05-Jersey – kam jedoch nicht über Mittelmaß hinaus und musste sich 1991/92 sogar von der SVG überholen lassen. Finanziell und sportlich mussten fortan kleinere Brötchen gebacken werden. Höhepunkt war ein Pokalspiel gegen den FC Schalke 04, wobei 12.000 Fans eine kampfstarke und einsatzfreudige 05-Elf sahen, die am Ende aber mit 1:3 geschlagen vom Platz ging und sich von Udo Latteks Worten „Noch nie habe ich in meiner Trainerlaufbahn eine so starke Amateurmannschaft gesehen" auch nichts kaufen konnte. 1993/94 qualifizierte sich 05 mühsam für die neu geschaffene Regionalliga Nord, doch bei einem Zuschauerschnitt von 824 war dem Schatzmeister der Schwarz-Gelben längst nicht mehr zum Lachen zu Mute.

Nach dem Abstieg aus der Zweiten Liga startete 05 mit diesem Kader in die Amateur-Ober-
ligasaison 1981/82 (stehend von links): Co-Trainer Wiegandt, Trainer Latermann, Fesser,
Thorke, Hasenkopf, Wolter, Snater, Schwarck, Dybowski, Bohne, Henze, Zeugwart Kurt Sippel,
Masseur Wiesner und Liga-Obmann Fritz. Sitzend von links: Pilz, Klein, Meyn, Klank, Kellner,
Schröder, Dickkopf und Zabel.

Am 18. Juli 1981 gastierte Bayer Leverkusen zu einem Freundschaftsspiel im Maschpark, wo
den Hausherren vor rund 1.000 Zuschauern durch einen Treffer von Calle Dybowski ein
1:1-Unentschieden gegen den Erstligisten gelang. In dieser Szene kommen Kellner und Fesser allerdings nicht an den Ball, derweil die Leverkusener Hermann und Hörster das Gesche-
hen von der Torlinie aus verfolgen.

Der 20. Februar 1982 war zweifellos eine der Sternstunden in der Göttinger Fußballgeschichte. Anlässlich der DFB-Pokal-Viertelfinalbegegnung zwischen 05 und dem Bundesliga-Spitzenreiter Hamburger SV pilgerten offiziell 23.650 Zahlende ins Jahnstadion, das somit zum ersten und bis heute auch einzigen Mal bis auf den letzten Platz gefüllt war – und teilweise auch noch darüber hinaus ...

Zwar ist in dieser Szene für 05-Mittelfeldakteur Uli Thorke kein Vorbeikommen an Manni Kaltz, doch der 1979 aus Salzgitter nach Göttingen gewechselte Student der Sozialwissenschaften war gegen den HSV ansonsten der überragende Mann auf dem Platz. Er besorgte nach dem Rückstand durch ein Schröder-Eigentor nicht nur den 1:1-Ausgleichstreffer, sondern brachte 05 nach 58 Minuten sogar in Führung.

Der Augenblick, in dem das Jahnstadion vor Begeisterung explodierte: Nach einem abgefälschten Freistoß von Wolter ist Thorke als Erster zur Stelle und bringt den Ball zum 2:1 im HSV-Tor unter. Uli Stein streckt sich vergeblich und auch Groh (links), Jakobs (am Boden) und Kaltz (Mitte) können nur entsetzt zuschauen. Für acht Minuten lag eine Sensation in der Luft, ehe Bastrup zum 2:2 ausgleichen konnte.

„Delle" Wolter kommt, von Memering beobachtet, gegen Ditmar Jakobs einen Tick zu spät. Am Ende reichte es nicht ganz für die in der Aufstellung Meyn, Kellner, Dybowski, Schwarck, Schröder, Dickkopf, Wolter (83. Hasenkopf), Klein, Thorke (83. Henze), Snater und Fesser angetretenen Schwarz-Gelben: Der HSV behielt durch zwei weitere Treffer in den letzten neun Minuten glücklich mit 4:2 die Oberhand.

Am 4. August 1982 kam es nach langer Zeit wieder zu einem Lokalderby zwischen 05 und der SVG. Vor rund 1.000 Zuschauern am Sandweg gewannen die Schwarz-Gelben diesen freundschaftlichen Vergleich mit 4:2. Im Bild die 05-Akteure (von links) Wolfgang Kellner, Calle Dybowski, der zweifache Torschütze Harald Snater und Bernd Krech.

Zur Saison 1983/84 konnte der zwischenzeitlich zurückgekehrte Trainer Bernd Oles (stehend, rechts), der nach Helmut Latermann, Helmut Wiegandt und Jens Spehr bereits der vierte 05-Coach in den frühen 1980er-Jahren war, im Kader auch einen aus der eigenen Jugend nachgerückten Jungspund begrüßen, der sich später bundesweit einen Namen machen sollte: Lothar Sippel (vorne, Zweiter von rechts). Die weiteren Neulinge: Weir, Stephan Köppe, Raguse, Brückner und Schwarze (hinten von links) sowie vorne Sandhowe, Dösselmann und Hepold.

Am 28. August 1983 gastierte in der ersten Runde des DFB-Pokals die Frankfurter Eintracht im Jahnstadion, und die anderthalb Jahre zuvor gegen den HSV ausgebliebene Sensation wurde nun Realität: Schon nach 18 Minuten führten die Schwarz-Gelben durch Treffer von Weir und zweimal Krech (im Bild das 2:0 des 05-Goalgetters) mit 3:0, und am Ende musste der hohe Favorit mit 2:4 die Segel streichen.

Nachdem Bernd Krech kurz vor dem Schlusspfiff das endgültig entscheidende 4:2 erzielt hatte, kannte der Jubel der rund 10.000 Zuschauer keine Grenzen mehr: Der Torschütze wurde unter einem Berg von Spielern sowie auf den Platz eilenden Fans begraben. Zu sehr viel mehr reichte es im weiteren Pokal-Verlauf für 05 allerdings nicht. Nach einem 1:0 in Neu-Isenburg folgte im Achtelfinale gegen Hertha BSC mit 0:1 das unglückliche Aus.

Einer der erfolgreichsten Torschützen der Saison 1984/85 war Uwe Rogowski, der hier von Concordia Hamburgs Keeper Stolina in liebevolle Umarmung genommen wird. Nach dieser Spielzeit wechselte Rogowski allerdings zum Lokalrivalen SVG und kehrte erst zu Beginn der Saison 1990/91 in die 05-Reihen zurück.

Im ersten Ligaspiel-Derby seit 1964 fertigte 05 am 17. August 1986 die SVG vor über 4.000 Zuschauern im Jahnstadion deutlich mit 5:0 ab. Links im Bild „Delle" Wolter, der nach langen Jahren bei 05 ab 1985 für die SVG die Stiefel schnürte, rechts der 1986 von Rot-Weiß Damme gekommene, legendäre Spielmacher Clemens Hoping, der 1988 kurz ins Profigeschäft wechselte, 1989 nach Göttingen (zur SVG) zurückkehrte und 1990/91 wieder für die Schwarz-Gelben antrat.

Unter der Leitung des seit Juni 1985 amtierenden Trainers Charly Mrosko brachen nach einigen Jahren weitgehender Stagnation wieder erfolgreichere Zeiten an. Mrosko war bei den Fans ob seiner lockeren Art und des von ihm propagierten Offensivfußballs überaus beliebt und kam auch bei der Mannschaft gut an. Hier bedankt er sich bei Stephan Köppe für eine gute Leistung.

Mit diesem Kader wurde in der Saison 1988/89 der Aufstieg in die Zweite Bundesliga nur hauchdünn verpasst. Oben von links: Stephan Köppe, Reinke, Torsten Köppe, Porde, Pilz, Wolff, Weiss und Schmidt. Mitte: Masseur Lukaszewski, Schulz, Gremmel, Schindelmeiser, Holzenkamp, Lillig, Trainer Mrosko und Liga-Obmann Pramann. Unten: Meyer, Walle, Asche, Bürger, Maschke, Curcic und Niemeyer. Es fehlt Uli Wilke.

Nach dem Gewinn der Vizemeisterschaft hatten sich die Schwarz-Gelben 1989 in der Aufstiegsrunde zur Zweiten Liga mit dem MSV Duisburg, Preußen Münster, den Reinickendorfer Füchsen sowie dem Nord-Meister TSV Havelse zu messen. Zum Auftakt gab es vor über 10.000 Zuschauern im Jahnstadion ein 1:1 gegen Duisburg, wobei nach dem Führungstreffer von Lillig (Foto, Nummer 10) durchaus mehr möglich gewesen wäre.

Als härtester Konkurrent im Aufstiegsrennen entpuppte sich Preußen Münster. Nach einer unglücklichen 0:1-Niederlage in Münster revanchierten sich die Schwarz-Gelben vor heimischer Kulisse im Jahnstadion und gewannen durch einen Treffer von Stephan Köppe mit 1:0. Im Bild setzt sich Stefan Porde gegen drei Münsteraner Gegenspieler durch.

Am letzten Spieltag machte jedoch das 0:0 von Münster in Duisburg alle Hoffnungen zunichte – hätte der MSV gewonnen, wären die 05er nach ihrem zeitgleichen 4:1-Sieg gegen die Reinickendorfer Füchse in die Zweite Liga aufgestiegen. Trainer Mrosko, der bereits im März 1989 seinen Abschied angekündigt hatte, schreitet nach dem Schlusspfiff melancholisch über den Rasen, derweil Olaf Niemeyer, Achim Pilz und Stefan Bürger enttäuscht am Boden sitzen.

Unter Trainer Joachim Krug wurde in der Saison 1990/91 noch einmal ein Anlauf in Richtung Zweite Liga unternommen. Nach einem 0:4 vor rund 10.000 Zuschauern in der ersten Runde des DFB-Pokals gegen den HSV kamen die 05er allmählich in Fahrt, doch als der Motor im Frühjahr 1991 ein wenig ins Stocken geriet, wurde Krug kurzerhand (und umstrittenerweise) gefeuert und durch Helmut Latermann ersetzt.

Einer der Garanten für den Gewinn der Vizemeisterschaft 1991 und somit das erneute Erreichen der Aufstiegsrunde war Bernd Bodnariuk. Der vor Saisonbeginn aus Havelse zu 05
gewechselte Torjäger bildete gemeinsam mit dem zurückgekehrten Uwe Rogowski ein brand-
gefährliches Angriffsduo. Beide erzielten jeweils 16 Treffer.

Auch Bruno Akrapovic gehörte zu den Stützen des Teams von 1990/91. Der Bosnier (später
in der Bundesliga für Energie Cottbus am Ball) wurde nach seiner zu Saisonbeginn erfolgten
Verpflichtung rasch zu einem absoluten Publikumsliebling. Und obwohl er nach nur einer
Spielzeit wieder das Jahnstadion verließ, sorgt die Nennung seines Namens noch heute bei so
manchem Fan für leuchtende Augen.

Nach einem 0:0-Heimauftakt gegen den Aufstiegsrundenfavoriten FC Remscheid errangen die Schwarz-Gelben im darauf folgenden Spiel ein 2:2-Unentschieden beim SC Verl. 05 hatte bereits mit 0:2 zurückgelegen, doch durch Tore von Rogowski und Bruno Akrapovic am Ende noch das Unentschieden erkämpft. Im Bild bedrängt Ralf Walle einen Verler Gegenspieler.

Angesichts des zwischenzeitlichen zweiten Platzes in der Aufstiegsrundentabelle reisten am 2. Juni 1991 weit mehr als 1.000 Fans zum Spitzenspiel nach Remscheid. Doch am Ende war die Ernüchterung groß: Der FC Remscheid hatte durch einen Kopfball von Bridaitis mit 1:0 gewonnen. Auch Andreas Wolff (links) und Jan Schindelmeiser (Mitte, gegen Remscheids Kessen) hatten nichts ausrichten können.

Als am 6. Juni 1999 das Heimspiel gegen den SC Verl mit 2:3 verloren wurde, konnte man sich jegliche Zweitligaträume endgültig abschminken. Das Team brach auseinander und in der Folgesaison konnten nicht nur die Akteure – wie hier Andreas Wolff – des Öfteren Zuspruch gebrauchen. Im November 1991 hatte auch Trainer Latermann (rechts) selbst Trost nötig: Ihm wurde der Stuhl vor die Tür gesetzt.

Zwar stand in den Reihen der 05er während der Saison 1991/92 mit Markus Wuckel (rechts) sogar ein immerhin vierfacher Nationalspieler der ehemaligen DDR, doch die Leistungen der Mannschaft von Trainer Wolfgang Schmidt (links), der an Stelle von Latermann das Zepter übernommen hatte, ließen in dieser Spielzeit insgesamt stark zu wünschen übrig. Am Ende sprang nur der zwölfte Platz heraus.

Einen echten fußballerischen Leckerbissen bekamen die Fans erst wieder zu Beginn der Saison 1992/93 serviert, als der FC Schalke 04 mit Trainer Udo Lattek im Jahnstadion gastierte. Rüdiger „Turbo" Schulz brachte 05 nach zehn Minuten in Führung und vor rund 12.000 Zuschauern schien sich eine Pokalsensation anzubahnen, doch letztlich behielten die Schalker durch Tore von Christensen und zweimal Scherr mit 3:1 die Oberhand.

GÖTTINGEN

Aktuell

Club 1·05

Nr.: 55   DFB-Pokal — 1. Hauptrunde   Mittwoch, 19. August 1992
18.30 Uhr; Jahnstadion

SC GÖTTINGEN 05 –
FC SCHALKE 04

Für einige Glanzpunkte sorgte zu dieser Zeit Flügelflitzer Frank „Franky" Wagener, der 1991 von Arminia Hannover zu 05 gewechselt war. Er wurde rasch zum Liebling der Fans und blieb nach seinem Fortgang im Jahr 1993 auch in späteren Jahren ein stets gern gesehener und herzlich begrüßter Gast, wenn er mit seinem jeweiligen Klub im Jahnstadion antrat.

111

In den frühen 1990er-Jahren machte ein aufstrebendes Jungtalent namens Tobias Dietrich seine ersten Gehversuche im schwarz-gelben Dress. Der gebürtige Duderstädter sollte später zu einer der Galionsfiguren des Vereins werden. Das Bild zeigt ihn in der Saison 1993/94 mit schmuckem Oberlippenbart im Kampf gegen den seinerzeit nicht minder aufstrebenden VfL Herzlake.

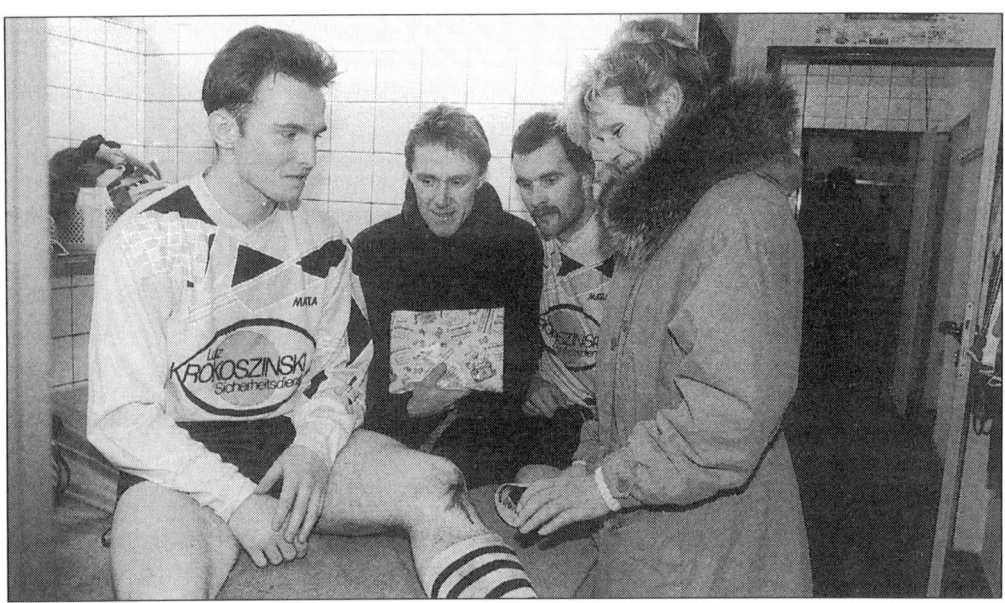

Auch der Litauer Arunas Zekas (Zweiter von rechts), der gemeinsam mit seinem Landsmann Romas Cirba seit Frühjahr 1992 die 05-Reihen verstärkte, wurde zu einem schwarz-gelben Aushängeschild. Gemeinsam mit dem die medizinische Abteilung von 05 sehr gut kennenden Stürmer Heiko Bause und der langjährigen Geschäftsführerin Gertrud Jander begutachtet er hier eine Knieverletzung von Andreas Bossmann.

6

Die Zeit von 1994 bis 2003:
Im „Fahrstuhl" zwischen
dritter und fünfter Liga

1994 begann eine nervenaufreibende Berg- und Talfahrt, während der die 05-Fans zwischen purem Entzücken und tiefer Verzweiflung hin- und hergerissen wurden.

Die Spielzeit 1994/95 brachte mit dem Abstieg aus der 3. Liga einen neuen Tiefpunkt in der Vereinsgeschichte. Erstmals war 05 nur noch viertklassig. Eine Mannschaft, die den Begriff „Kollektiv" nicht verdiente, eine unfähige Vereinsführung sowie ein in Hannover wohnender Trainer Charly Mrosko, der häufiger im Autobahnstau steckte als auf dem Trainingsplatz stand, waren verantwortlich für das sportliche und finanzielle Desaster.

Die erste Spielzeit in der Viertklassigkeit wurde zur Zittersaison. Unter Neutrainer Uwe Cording kam die Mannschaft vor allem auswärts nicht in Schwung und bot zumeist biedere Fußballkost. Als Cording schließlich auch noch in einer Nacht-und-Nebel-Aktion zum SV Lurup nach Hamburg wechselte und sein Nachfolger Jan Schindelmeiser wenig später ebenfalls die Brocken hinwarf, weil mit Joachim Lüdecke einer seiner Erzfeinde ins Präsidium aufgerückt war, schienen endgültig alle Lichter auszugehen. Der zurückgekehrte Ex-Präsident Jürgen Beinling trat mit vollmundigen Versprechen auf und überraschte die Öffentlichkeit wenige Wochen später mit der Meldung, 05 sei zahlungsunfähig und würde Konkurs anmelden.

Thomas Hellmich, der mittlerweile das Training übernommen hatte, war genauso ratlos wie die treuen Fans. Doch wie Phönix aus der Asche stieg 05 empor. Sportlich schaffte die Elf völlig überraschend die Vizemeisterschaft und sicherte sich in zwei Relegationsspielen gegen den TSV Pansdorf den Aufstieg. Nach einem 1:1 in Schleswig-Holstein wurde im Rückspiel Guido Gorges, der beim 4:1-Sieg dreimal traf, zum Helden des Tages. Auch finanziell konsolidierte sich der Verein unter Führung von Dieter Biermann und ging einigermaßen sorgenfrei in die Regionalligasaison 1996/97, die zu einem der Höhepunkte in der Vereinsgeschichte avancierte.

Mit einer vornehmlich aus regionalen Talenten zusammengestellten Elf, deren Kopf der unermüdliche Kämpfer Tobias Dietrich bildete und in deren Sturm der aus Eisdorf gekommene „Jockel" Meißner wirbelte, überraschten die schwarz-gelben Feierabendfußballer in der Halbprofiliga auf höchst positive Weise und erreichten am Ende mit Platz 10 ein hervorragendes Ergebnis. Höhepunkt war ein von den mitgereisten Fans enthusiastisch gefeiertes torloses Unentschieden bei Hannover 96. Auch der Zuschauerschnitt von rund 1.200 konnte sich durchaus sehen lassen, wenngleich er dem Präsidium finanziell die Hände band. Doch hinter den Kulissen hatte der „neue" 1. SC 05 schon wieder bedrohlich gewackelt. Präsident Biermann und sein Führungsteam waren bei der Suche nach Sponsoren erfolglos geblieben und erste Anzeichen von Resignation machten sich breit.

Diese sollten sich in der Spielzeit 1997/98 rasch verstärken. Aus finanziellen Gründen wurden mit Tobias Dietrich und Arunas Zekas zwei Leistungsträger verkauft, mit einem Etat von 300.000 DM zählte 05 zu den Armenhäusern der Liga und eine schier unglaubliche Verletzungsserie ließ Trainer Hellmich schon vor dem Start regelrecht verzweifeln. Die Saison begann zwar mit einem traumhaften 4:1 über Atlas Delmenhorst, doch schon bald sollte das schwarz-gelbe Gebäude zusammenbrechen. Tiefpunkt war ein 0:10-Debakel bei Hannover 96, als auch dem allerletzten Optimisten klar wurde, dass die Mannschaft keine Drittligatauglichkeit aufwies.

Auch hinter den Kulissen fehlte es an professionellen Strukturen. Manager Joachim Lüdecke sprach schon frühzeitig von einem „Rückzug aus der Regionalliga" und zog sich mit eigenmächtiger Vereinspolitik den Unmut von Spielern, Betreuern und Fans zu, von denen Letztere sich inzwischen mit der Fanzeitung „Der Schlafende Riese" eine eigene Stimme geschaffen hatten. Als schließlich auch noch der beliebte Trainer Hellmich entlassen wurde, gingen endgültig alle Lichter aus. Zum Heimspiel gegen Norderstedt wurden ganze 76 Zahlende registriert, Präsident Biermann nahm aus gesundheitlichen Gründen seinen Hut und am Ende wies das Team ganze zwei Saisonsiege, aber 107 Gegentore auf.

Im Sommer 1998 stand 05 vor dem Nichts: Kein Geld, keine Mannschaft, kein Vorstand, kaum Fans. Wie zwei Jahre zuvor kamen die Schwarz-Gelben jedoch erstaunlich rasch wieder auf die Beine. Väter des Erfolges waren das neu gewählte Präsidium um Wilfried Wolter, Stefan Holthusen und Dieter Kress sowie der neue Trainer Joachim Krug. Letzterer holte von überall Spieler herbei und verpasste den Schwarz-Gelben eine „Weltauswahl" (mit Erlon dos Santos wies 05 sogar erstmals einen Brasilianer in seinen Reihen auf), die bei den Fans ungemein gut ankam und das Publikum mit herrlichem „Harakiri-Fußball" verzauberte. An einem guten Tag vermochten die 05er alle zu schlagen (so beispielsweise den Lokalrivalen SVG am Auftaktspieltag der Saison 1998/99 mit 3:0), um sich an einem schlechten Tag böse Klatschen einzufangen (so beim 0:5 daheim gegen die SVG Einbeck).

In einem einzigartigen Zusammenhalt von Fans, Spielern und Vorstand sicherte sich der eigentlich dem Untergang geweihte Klub die Oberliga-Meisterschaft – zugleich die erste Meisterschaft der Vereinsgeschichte seit 1948. Glanzvoller Höhepunkt war am letzten Spieltag ein 7:1 vor rund 3.000 Zuschauern über den MTV Gifhorn, womit der Titelgewinn unter Dach und Fach gebracht wurde. Auch finanziell schien alles wieder etwas rosiger auszusehen. Es gab einen Trikotsponsor, im Umfeld kursierten bekannte Namen und alle gingen hoffnungsvoll in die Saison 1999/2000, die zugleich Qualifikationssaison für die neue Regionalliga Nord war. Der anvisierte sechste Platz wurde jedoch verfehlt. Zwar war die Krug-Elf um die beiden Torjäger Markus Stanko und Ioan Perdei wie schon in der Vorsaison an guten Tagen kaum zu schlagen – es fehlte ihr jedoch an Cleverness. Unnötige Punktverluste vor allem auf eigenem Platz ließen das Saisonziel im entscheidenden Moment immer wieder in weite Ferne rücken.

Man ging dennoch optimistisch in die Saison 2000/01. Mit Trainer Heinz Knüwe kam ein bekannter Name für den scheidenden Joachim Krug, und Akteure wie Dian Popov, Najeh Braham und Cesar M'Boma brachten neue Klasse ins Jahnstadion. Trotz Turbulenzen im Umfeld – Knüwe wechselte während der Saison nach Bochum und wurde durch Frank Eulberg ersetzt – gelang in einem packenden Fernduell mit Kickers Emden der erneute Gewinn der Oberligameisterschaft, der zu zwei Relegationsspielen um den Aufstieg in die Regionalliga berechtigte. Gegner war Holstein Kiel, der Meister von Hamburg/Schleswig-Holstein.

Doch noch vor dem ersten Spiel platzte die Bombe: 05 hatte Insolvenz anmelden müssen. Ausschlaggebender Faktor war eine dubiose Sponsorengruppe, die dem Verein und seinen Mitgliedern zuvor das Blaue vom Himmel versprochen hatte und hinter der der einst in Göttingen studierende Rechtehändler Michael Kölmel steckte. Nachdem dieser mit seinen diversen Firmen Pleite gegangen war, hatte er 05 fallen lassen. Da die Schwarz-Gelben für einen derartigen Fall kein finanzielles Netz gespannt hatten, fielen sie ganz tief.

Sportlich erfüllte die Mannschaft dennoch ihre Pflicht und sicherte sich nach einer 0:2-Niederlage in Kiel mit einem fulminanten 3:0-Erfolg im Rückspiel den Aufstieg. Über 7.000 Fans im Jahnstadion waren schier begeistert von ihrer Mannschaft, die eines der besten Spiele der gesamten Vereinsgeschichte absolvierte. Mann des Tages war Tobias Dietrich, der mit unglaublichem Ehrgeiz den entscheidenden Treffer zum 3:0 erzielt hatte. Finanziell aber ging alles schief. Drei Tage nach dem Triumph über die Kieler „Störche" wurde 05 die Lizenz für die Regionalliga verweigert – obwohl Fans und Geschäftsleute binnen weniger Tage rund 100.000 Mark gesammelt hatten, war es nicht gelungen, eine nach Abspeckung des Etats noch nötige Bürgschaft über 600.000 Mark zu erhalten. Gerade auf dem Höhepunkt der jüngeren Vereinsgeschichte angekommen, fiel 05 zurück in die tiefste Tristesse.

Nun ging es ganz schnell. 2001/02 wurde trotz leerer Kassen in geradezu unverantwortlicher Art und Weise weiter auf „Aufstieg" gesetzt und der Schuldenberg trotz bereits laufender Insolvenz vergrößert. Die Mannschaft spielte herrlichen Fußball – doch nach Ende der Halbserie verließen diverse Stammspieler aus finanziellen Gründen den Klub, der anschließend ins Mittelmaß abrutschte. 2002/03 ging das Drama weiter. Ein völlig überforderter Trainer Peter Lübeke, eine völlig überforderte Mannschaft und ein nicht enden wollendes Chaos auf der Funktionärsebene führten – bei weiterlaufendem Insolvenzverfahren – zum Absturz in die 5. Liga. Kurz vor seinem 100. Geburtstag steht der 1. SC 05 damit vor dem bisherigen Tiefpunkt seiner sportlichen Entwicklung. Hoffen wir, dass der Weg fortan wieder nach oben führt.

Anlässlich der Erstrundenpartie gegen Eintracht Frankfurt im DFB-Pokal 1994/95 nutzte man auf Seiten von 05 die Gelegenheit, den aktuellen Kader einmal vor der voll besetzten Tribüne des Jahnstadions zu präsentieren. Leider ging nicht nur das Spiel gegen die Hessen vor rund 12.000 Zuschauern am 13. August 1994 sang- und klanglos mit 0:6 verloren, sondern auch im weiteren Verlauf der Saison in der neu eingeführten Regionalliga Nord zeigte sich, dass mit der Mannschaft von Trainerrückkehrer Charly Mrosko kein Staat zu machen war. Am Ende der Saison stand Platz 16 und damit der bittere Gang in die Viertklassigkeit zu Buche – zum ersten Mal in der Vereinsgeschichte.

Der kurz vor Saisonbeginn verpflichtete Kroate Zoran Skerjanec war im Pokalspiel gegen Frankfurt noch einer der Besseren im schwarz-gelben Trikot. Gegen die Ballkünste eines Jay Jay Okocha konnte allerdings auch er nichts ausrichten. Das 0:6 war der bis heute letzte Auftritt von 05 im Rahmen des DFB-Pokals.

Mit diesem Kader ging 05 in der Saison 1995/96 in der Oberliga Niedersachsen/Bremen an den Start. Hinten von links: Zeugwart Kurt Sippel, Co-Trainer Kruse, Liga-Obmann Hauschild, Klein, Himme, Müller, Wolff, Cirba, Zekas, Gorges, Roguljic, Westphal, Thomas Jahn, Masseur Lukaszewski und Trainer Cording (ab 28. Oktober Jan Schindelmeiser, ab 1. Januar 1996 Thomas Hellmich). Vorne: Dietrich, Schulz, Gundel, Bürger, Matthias Jahn, Walle, Eidinger, Zilic und Lestin.

Nach zwei Trainerwechseln, einem abgewendeten Konkursantrag und sonstigen vereinsinternen Querelen erreichte das Team unter Coach Thomas Hellmich in einer packenden Aufholjagd am Ende noch vor dem Lokalrivalen SVG den zweiten Platz, der zu zwei Relegationsspielen gegen den Zweiten der Oberliga Hamburg/Schleswig-Holstein, den TSV Pansdorf berechtigte. Einem 1:1 in Pansdorf folgte am 8. Juni 1996 der große Tag des Guido Gorges (Foto), der 05 mit seinen drei Treffern beim Rückspiel fast im Alleingang zurück in die Regionalliga schoss.

Zu Beginn der Spielzeit 1996/97 herrschte bei den Fans eitel Sonnenschein, der auch im weiteren Saisonverlauf anhielt. Die ob ihres geringen Durchschnittsalters als „Hellmich-Boys" titulierte 05-Mannschaft hielt in der Regionalliga unerwartet gut mit und bescherte den treuen Anhängern so manchen Freudentag. Am Ende sprang mit dem zehnten Platz ein nie erwartetes Ergebnis heraus – doch der Höhenflug fand in der nächsten Saison ein jähes Ende ...

117

Einer ging noch, einer ging noch rein ... Der 20. September 1997: einer der sportlich schwärzesten Tage in der gesamten Vereinsgeschichte. Am Ende hatte Hannover 96 zehn und 05 keine Treffer auf dem Konto.

Die Titelseite der ersten Ausgabe des im Herbst 1997 (auch als Reaktion auf den dramatischen sportlichen Niedergang sowie die nicht enden wollenden Querelen auf der Vorstandsebene) ins Leben gerufenen Fanmagazins „Der Schlafende Riese", das es mittlerweile auf stolze 15 Ausgaben gebracht hat.

Die von Trainer Joachim Krug im Sommer 1998 quasi aus dem Nichts zusammengestellte 05-„Weltauswahl". Hinten von links: Muratovic, M'Pene, Stanko, Karakaya, Dietrich, Filip und Zeugwart Gassmann. Mitte: unbekannt, Trainer Krug, Kusmin, Erlon Santos, Günther, Gruszka, Masseur Lukaszewski und Präsident Wilfried Wolter. Vorne: Wlodek, Loewe, Szymaszek, Chimiuc, Perdei und Smolka. Es fehlen Tadic, Felkl, Hellmold, Weiß sowie Co-Trainer Calle Dybowski.

Spätestens seit dem sensationellen 3:0-Sieg gegen die SVG zum Auftakt der Oberligasaison 1998/99 eine überaus beliebte, selbst bei Niederlagen des Öfteren praktizierte und bis heute beibehaltene Form der gegenseitigen Respekts- und Zuneigungsbekundung zwischen Mannschaft und Fans: die „La Ola" nach dem Schlusspfiff – vor allem in der Krug-Ära ein Symbol für den beispiellosen Zusammenhalt aller Beteiligten auf dem Rasen und auf den Rängen.

Am 23. Mai 1999 war das zu Saisonbeginn nie und nimmer Erwartete zur Realität geworden: Mit einem durch drei Treffer von Ioan Perdei und sogar vier von Markus Stanko herausgeschossenen 7:1-Kantersieg gegen den MTV Gifhorn sicherte sich die schwarz-gelbe „Göttertruppe" am letzten Spieltag die Oberligameisterschaft und damit auch den direkten Wiederaufstieg in die Regionalliga. Es war der erste Meisterschaftsgewinn für 05 seit 1948.

Die anschließenden Jubelfeierlichkeiten stellten so ziemlich alles in den Schatten, was es zumindest in der jüngeren Vergangenheit im und rund um das Jahnstadion zu feiern gegeben hatte. Endlich konnten auch die von den Fans hergestellten und schon seit dem vorangegangenen Spieltag bereitliegenden Meister-T-Shirts ruhigen Gewissens angezogen werden.

Während Meistermacher Joachim Krug (links vorne) sich eher als stiller Genießer präsentiert, lassen (im Hintergrund von links) Esmir Muratovic, Markus Stanko (mit 18 Saisontreffern zweitbester Torschütze), Ioan Perdei (mit 19 Saisontreffern Oberliga-Torschützenkönig), der bereits etwas angeschlagen wirkende Sergej Kusmin, Kapitän Tobias Dietrich, Ali Karakaya (halb verdeckt) und Marco Gruszka (alias „Susi Souverän") die Sekt- bzw. Kronkorken knallen.

Auch das Stadionheft zum Saisonauftakt in der Regionalliga (die erste Partie endete gegen die Amateure des FC St. Pauli mit 1:1) stand noch ganz im Zeichen der Aufstiegseuphorie. Zwar reichte es am Ende nicht zu Rang sechs, der die Qualifikation für die neue zweigleisige Dritte Liga bedeutet hätte, sodass ein erneuter (Zwangs-)Abstieg in die Viertklassigkeit die Folge war. Doch die Mannschaft bot größtenteils überzeugende Leistungen und insbesondere einige Auswärtsfahrten entwickelten sich für die, die dabei waren, zu denkwürdigen Ereignissen.

Zum Abschied von Trainer Joachim Krug, der mit dem Ende der Saison 1999/2000 als Sportdirektor zum LR Ahlen ging, hatte man sich auf Fanseite etwas Besonderes einfallen lassen:
Als Dankeschön für das von Krug Geleistete war aus Tapetenrollen ein einmal rund um das
Stadioninnere reichendes Spruchband geklebt worden, auf dem an die wichtigsten Stationen
der Krug-Ära erinnert und dem scheidenden Coach die Ehrenbezeichnung „Einmal 05er –
immer 05er" zuteil wurde.

Die immer wieder einmal sporadisch auftauchenden Gedankenspie-
le hinsichtlich einer Konzentration
der Kräfte im Bereich des Göttinger
Fußballs wurden im Sommer 2000
auf einmal akut. Plötzlich schien
eine Fusion der beiden sich beileibe
nicht grünen Lokalrivalen 05 und
SVG bereits ausgemachte Sache zu
sein. Doch während man bei der
SVG einstimmig für das Zusammen-
gehen votierte, wurde der Plan auf
der 05-Mitgliederversammlung letzten Endes doch deutlich abgeschmet-
tert – nichts war's mit dem „SV
Göttingen 05".

Am 8. Juni 2001 kam es im Jahnstadion zu einer der denkwürdigsten Partien der gesamten 05-Geschichte: Dem Relegationsrückspiel um den Aufstieg in die Regionalliga zwischen Göttingen 05, dem Meister der Oberliga Niedersachsen/Bremen, und Holstein Kiel, dem Meister der Oberliga Hamburg/Schleswig-Holstein. An die 7.000 Zuschauer fanden sich ein, um den nach der 0:2-Hinspielniederlage in einer beinahe aussichtslosen Situation befindlichen Schwarz-Gelben den Rücken zu stärken.

Mit der lautstarken und unermüdlichen Anfeuerung des Publikums schafften die 05er tatsächlich das Wunder: Durch zwei Treffer von Tobias Dietrich und ein Traumtor des bulgarischen Goalgetters Dian Popov schickten sie die Kieler „Störche" mit einer 0:3-Niederlage nach Hause und bescherten Trainer Frank Eulberg, der im Saisonverlauf den Posten des als Sportdirektor zum VfL Bochum gewechselten Heinz Knüwe übernommen hatte, anderntags die Schlagzeile „Die Eule schlägt den Storch!".

Der Augenblick des Schlusspfiffs, nach dem alle Dämme brachen. Jeder einzelne 05-Akteur hatte wahrscheinlich die Partie seiner Karriere absolviert, aber einer mit Sicherheit das Spiel seines Lebens gemacht: Tobias Dietrich, dessen Dynamik und nie erlahmender Kampfgeist an diesem Tag unübertrefflich gewesen waren. Die Aufstellung: Szymaszek, Krause, Zekas, Pfannkuch, Schönewolf, Heller, Dietrich, Muratovic (85. Vranic), Smolka, Popov (75. Stanko) und Braham (85. Gundelach).

Unmittelbar nach Spielende begannen auf dem Rasen die Feierlichkeiten, die später in die Innenstadt verlagert wurden und erst in den frühen Morgenstunden allmählich ausklangen. Zwar stellte sich im Nachhinein heraus, dass es keine Aufstiegsparty gewesen war, denn die Lizenz für die Regionalliga wurde seitens des DFB verweigert, doch zumindest das Gefühl und das Wissen, sportlich triumphiert zu haben, konnte den 05ern niemand mehr nehmen.

Trotz des Ende Mai 2001 eingereichten Insolvenzantrages ging man mit einem Top-Kader in die Saison 2001/02. Oben von links: Dietrich, Wolchow, Muratovic, Zekas, Gundelach, Biermann und Pfannkuch. Mitte: Zeugwart Gassmann, Betreuer Reichert, Masseur Wiesner, Braham, Vranic, Brandt, Glöden, Krause, Physiotherapeut Junge, Mannschaftsarzt Dr. Losch, Co-Trainer Dybowski und Trainer Eulberg. Unten: Smolka, Bajgier, Kirchhoff, Göttmann, Szymaszek, Bocca und Fuß.

SPITZENFUSSBALL UND MEHR

FC BAYERN LIVE

Veranstalter: 1. SC Göttingen 05

1. SC Göttingen 05 – FC Bayern München

Jahnstadion — Sonntag, 8. Juli 2001 — Anstoß: 15.00 Uhr

Stehplatz nicht überdacht

Gegengerade Ost Erwachsene

DM 15,– incl. 16% MWSt.

1969 ✳

Keine Haftung für Personen- und Sachschäden, einschließlich Schäden, die aus dem baulichen Zustand des Stadions entstehen. Den Anweisungen des Ordnungsdienstes ist Folge zu leisten. Mitbringen von Transparenten, Feuerwerkskörpern, Flaschen, Dosen, alkoholischen Getränken und Rauschmitteln ist nicht gestattet. Offensichtlich alkoholisierte Zuschauer verwirken Ihr Recht, das Stadion zu betreten. Kein Anspruch auf Rückzahlung des Eintrittspreises.

Die Eintrittskarte vom Gastspiel des Deutschen Meisters und Champions-League-Siegers Bayern München (der sich bei seinem 2:0-Sieg gegen starke 05er vor rund 15.000 Zuschauern nicht gerade mit Ruhm bekleckerte) dokumentiert einen der vorerst letzten großen Fußballtage in Göttingen, denn bald wurde deutlich, dass der Kader zwar sportlich exzellent, jedoch leider nicht zu finanzieren war. Der Ausverkauf und damit zunächst schleichende, dann zunehmend an Fahrt gewinnende Absturz begann.

Zur Saison 2000/01 als völlig Unbekannter aus Tunesien geholt, durchlief „Naddel" Braham bei 05 eine phänomenale Entwicklung und wurde nach seinem Weggang im Frühjahr 2002 Spieler in der tunesischen Nationalmannschaft.

Tobi Dietrich (von den Fans „Punkrock-König aus dem Eichsfelder Land" genannt), trotz Duderstädter Herkunft und eines Intermezzos bei Hannover 96 ein echtes 05-Urgestein, verließ den Verein im Dezember 2002 und wechselte zu Hessen Kassel.

„Eiswürfel-Esmir" Muratovic, Leistungs- und Sympathieträger in einer Person, war Ende der Saison 2002/03 neben Tomasz Smolka der letzte Verbliebene der einst von Joachim Krug zusammengestellten „Weltauswahl".

Auch „Papa Smolka" schuf sich während seiner fünfjährigen Zeit in Schwarz und Gelb durch sein Auftreten auf und neben dem Spielfeld einen festen Platz im kollektiven 05-Gedächtnis.

Nachdem Insolvenzverwalter Harald Naraschewski im November 2002 einen zur positiven Beendigung des Insolvenzverfahrens notwendigen Betrag von 75.000 Euro genannt hatte, riefen einige besonders aktive 05-Fans kurzerhand die „Aktion 75" ins Leben, durch die die fehlende Summe mittels Spendensammlungen, Benefizveranstaltungen etc. zusammengebracht werden sollte. Leider zeigten sich diverse Seiten nicht gerade kooperativ, so dass die „AK 75" vorerst wieder auf Eis gelegt wurde.

Ein Bild, das in absehbarer Zeit wohl eher Seltenheitswert haben dürfte: Menschenschlangen an den Kassenhäuschen, hier am 2. Juli 2003 anlässlich des Freundschaftsspiels gegen Borussia Mönchengladbach, bei dem sich die nach dem Abstieg aus der Oberliga neu formierte 05-Elf mit einem 0:3 sehr achtbar aus der Affäre zog. Was die Zukunft bringt, bleibt abzuwarten ...

Die Heimat entdecken!

Von Kiel bis Wien,
von Aachen bis Görlitz:
Entdecken Sie Alltagsgeschichten
aus Ihrer Heimatstadt!

Leben in der Großstadt ...

Tauchen Sie ein in das quirlige Großstadtleben vergangener Tage. Spazieren Sie über breite Boulevards und stürzen Sie sich ins Nachtleben. Erkunden Sie ihre Stadt durch die Fensterscheiben einer Straßenbahn oder des ersten Käfers und bewundern Sie prächtig geschmückte Schaufenster.

... und ländliche Idylle

Wie sah das Leben in Ihrer Heimat aus, als die Bauern noch mit Pferden pflügten und jedes Dorf seinen eigenen Schmied hatte, jeder noch jeden kannte und das Leben sich zwischen Kirche, Wirtshaus und Wohnküche abspielte?

Erinnerungen an die Schulzeit …

Erinnern Sie sich noch an die Zeiten von Abakus und Schiefertafel, an Klassenausflüge oder den ersten Taschenrechner? Blicken Sie zurück auf große Klassen und gestrenge Schulmeister, entdecken Sie auf Klassenfotos Freunde und Bekannte von früher!

... und das Arbeitsleben

Entdecken Sie, wie sich das Arbeitsleben in den letzten hundert Jahren verändert hat. Werfen Sie einen Blick in Fabrikhallen, blicken Sie Handwerksmeistern bei ihrer Arbeit über die Schulter und erinnern Sie sich an den Einkauf im Tante-Emma-Laden.

www.suttonverlag.de

Gesellige Stunden im Verein ...

Fußballclub und Schützenverein, Musikkapelle und Gesellenverein: Schauen Sie zurück auf Volksfeste und Turniere, Chorproben oder Prunksitzungen. Erinnern Sie sich an schöne Stunden und das gesellschaftliche Leben in Ihrer Heimat.

… und im Familienkreis

Werfen Sie einen Blick in die Wohnzimmer vergangener Tage und entdecken Sie, wie sich zwischen schweren Eichenmöbeln, Nierentischen und Ikea-Regalen der Alltag verändert hat. Erleben Sie Familienfeiern und Weihnachtsfeste im Wandel der Jahrzehnte mit.

Druck:
CPI Druckdienstleistungen GmbH
im Auftrag der
Zeitfracht GmbH
Ein Unternehmen der Zeitfracht - Gruppe
Ferdinand-Jühlke-Str. 7
99095 Erfurt